나무예찬

나무예찬

나무에서 배우는 삶의 자세

강판권 지음

지식프레임

가슴속 깊이 차나무를 존경하고 사랑하는
정(楨) + 설(蔎)에게 이 책을 바친다.

　모든 생명체의 삶은 본성을 드러내는 과정이다. 본성은 창의성과 인간성의 다른 이름이기에 모든 생명체는 태어나는 순간부터 창의적인 존재이기도 하다.

　나는 오랫동안 교육 현장에서 나무를 대상으로 한 창의성에 대해 고민해 왔다. 내가 그동안 교육과 상담을 통해 실천한 것은 학생들의 인간성 실현을 위한 구체적인 방법을 제시하는 일이었다.

　유감스럽게도 우리나라의 교육은 인간성을 발휘할 수 있는 기회를 주기는커녕 방해하는 경우가 많다. 태어나면서 얻은 인간성은 오로지 안에서 밖으로 드러내야 하는데 우리나라의 교육 현장에서는 창의성마저 밖에서 안으로 주입하려 한다. 문제는 아무리 밖에서 많은 것을 주입해도 창의성은 드러나지 않는다는 것이다. 오히려 밖에서 주입하면 할수록 창의성의 통로는 막힌다.

　나는 현재 나름대로 창의성을 발휘하면서 행복하게 살아가고 있다. 이 창의성을 드러낼 수 있었던 것은 온전히 나무 덕분이다. 누구나 일상에서 나무를 만나지만 유독 내가 나무를 통해 창의성을 발휘할 수 있었던 것은 '관찰' 때문이었다. 관찰은 창의성을 드러내는 마중물과 같다. 그래서 나는 나무를 자세히 보기 위해 한 그루 한 그루 세는 노동을 게을리하지 않았다.

나는 '전통생태문화'라는 강좌에서 학생들에게 수업의 절반 정도를 나무와 직접 만날 수 있도록 하고, 학생 스스로 한 그루의 나무를 정해서 한 학기 동안 관찰하는 기회를 주었다. 나무 관찰의 기회를 가진 학생들은 한 학기 동안 아주 특별한 세계를 경험하게 되는데 학생들이 제출한 보고서를 보고 있으면 아주 행복하다. 학생들이 한 학기 동안 관찰을 통해 깨달은 내용을 고스란히 느낄 수 있기 때문이다.

누구나 온전히 자신의 삶을 살 권리가 있지만, 이런저런 이유로 실천하지 못한 채 생을 마감하는 경우가 적지 않다. 나도 나무를 만나기 전까지는 내 자신의 삶을 살지 못했지만, 나무를 통해서 자신의 삶을 사는 것이 결코 어렵지 않다는 사실을 깨달았다.

자신에 대한 무한한 믿음, 믿음을 끌고 갈 수 있는 의지만 있다면 누구나 자신만의 삶, 즉 행복한 삶을 살 수 있다. 자신의 삶을 산다는 것은 곧 에너지를 한곳으로 모으는 일이다. 에너지를 한곳으로 모으기 위해서는 무엇보다도 자신이 좋아하면서도 잘할 수 있는 것에 몰두해야만 한다. 인간성을 발휘할 수 있느냐의 여부도 에너지를 집중할 수 있느냐와 밀접한 관계가 있는데, 많은 사람들은 자신의 에너지를 여기저기 분산하며 살아간다.

인간성을 발휘하기 위해서는 주저하지 말고 행동해야 한다. 자존도가 낮은 사람은 어떤 생각을 행동으로 옮기는 데 많은 시간이 걸리거나 다른 사람의 눈치를 본다. 자신의 생각과 행동이 다른 사람에게 직접적인 피해를 주지 않는데도 다른 사람의 눈치를 보는 순간 에너지를 낭비하게 된다. 이러한 에너지 누수 현상은 창의성을 방해하는 중요한 요인이다. 나무는 어떤 경우에도 에너지를 낭비하지 않는다. 그래서 나무는 인간을 비롯한 많은 생명체들에게 희망을 준다.

나무는 인간이 가장 가까운 곳에서 만날 수 있는 존재다. 돈이 있든 없든, 지위가 높든 낮든 상관없이 누구나 평등하게 소통할 수 있는 생명체다. 그래서 나는 나무를 통해 평등한 세상을 꿈꾼다.

인간과 나무는 태어나는 순간부터 그 누구에게도 예속되지 않는 존귀한 존재다. 인간과 나무의 이러한 평등한 관계가 생태다. 나무와 인간의 생태 관계를 명확하게 파악하는 것이 바로 생태의식이다. 생태의식은 인간을 인간답게 만드는 데 매우 중요하다. 나는 나무를 통해 생태의식을 가질 수 있었다. 그러니 내가 어찌 나무를 예찬하지 않을 수 있겠는가.

김명희 선생은 내가 마음껏 예찬한 나무를 더욱 빛나게 만들어주었다. 김명희 선생 덕분에 빛난 나무들이 독자들에게도 한 점 빛으로 남는다면 나에게도 영광일 것이다.

2017년 8월
영암관 개잎갈나무에 새가 둥지 틀 때
강판권(쥐똥나무 楨 + 莢)

Contents

Part 2
성장하다

Part 3
상생하다

Part 4
철학하다

Part 1

성 · 찰 · 하 · 다

흔한 것이 귀한 것이다

새로움은 낯선 공간에서 발견되는 것이 아니라
사람의 마음가짐이나 태도에서 발견된다.

● 흔한 일을 '다반사(茶飯事)'라고 한다. 다반사는 차를 마시거나 밥을 먹는 것이 일상이라는 뜻이다. 나무를 만나는 것도 다반사다. 우리나라처럼 산이 많은 곳에서는 길을 나서기만 하면 온통 나무다. 특히 요즘에는 아파트나 주택은 물론 가로수도 많아서 발걸음 걸음마다 나무를 만날 수 있다. 그런데 사람들은 흔한 것보다 특별한 것을 선호한다. 그래서 일상에서 만나는 나무를 귀하게 여기는 사람은 아주 드물다. 나무를 찾아 떠나는 사람들도 천연기념물이나 노거수(老巨樹)를 찾아가지만 주변의 나무를 일부러 찾아가는 경우는 드물다.

나무는 정말 흔해서 귀한 존재다. 나는 어느 백화점 문화센터의 정기 특강에서 도심 공원의 나무를 네 차례 답사했다. 대부분 문화센터

프로그램의 답사는 이른바 전국의 명소를 찾는다. 그래야만 수강생들이 수업에 참가하기 때문이다. 그러나 나는 수강생들이 살고 있는 곳을 중심으로 나무를 만났다. 서울 청계천에 위치한 도서관에서 두 차례 특강을 할 때도 한 차례는 '서울숲'에서 참가자들과 함께 나무를 관찰했다.

내가 도심의 나무를 보자고 제안하면 프로그램 담당자들은 대부분 동의하기 어렵다는 뜻으로 고개를 가로젓는다. 그러나 나도 절대 나의 뜻을 굽히지 않는다. 도시인들이 도심의 나무에 관심을 갖지 않고서는 결코 행복할 수 없다는 것이 나의 신념이고, 나의 신념이 관철되지 않는 강의는 의미가 없기 때문이다. 나는 특별한 경우가 아니면 다른 사람들의 의견과 충돌하지 않는다. 가능하면 상대방의 의견을 존중하려고 노력한다. 그러나 나무를 보는 방법과 관련해서는 여간해서 양보하지 않는다. 나무에 대한 사람들의 기존 생각에 많은 문제가 있다는 것을 잘 알고 있기 때문이다.

참가자들은 도심의 나무를 만나기 전까지는 나의 말을 믿지 않는다. 대부분 한 번 이상은 찾았던 곳이라서 새로운 뭔가를 발견하거나 즐겁게 보낼 만한 것이 없다고 생각하기 때문이다. 그러나 목적지에 도착한 후 시간이 지나면 지날수록 생각이 바뀌기 시작한다. 자신들이 생각한 것과 달리 새로움을 많이 발견하기 때문이다.

사람들이 생각하는 새로움은 주체가 대부분 '공간'이라서 익숙한 공간은 새로움이 없다고 생각한다. 매일 자신이 지나가는 거리나 저녁마다 찾는 공원은 사람들에게 새로운 공간이 아닐 뿐 아니라 새로움을 제공하는 주체도 아니다. 그런 곳은 그저 멀리 갈 시간이 부족해서 찾는 공간 정도로 생각할 뿐이다. 그러나 새로움은 낯선 공간에서 발견되는 것이 아니라 사람의 마음가짐이나 태도에서 발견된다. 익숙하다고 새롭지 않거나 익숙하지 않다고 해서 새로운 것이 아닌 것과 같은 논리다.

만약에 보지 않은 것만을 새롭다고 하고 새로운 것이 인간을 즐겁게 한다면, 인간은 평생 낯선 곳을 찾아 길을 떠나야만 한다. 낯선 곳이 새롭고 즐겁다면 구석기시대의 사람처럼 정착하지 않고 돌아다니면 모든 것이 해결될 것이다. 하지만 '흔한 것이 귀하다'는 마음가짐으로 자신이 일상에서 만나는 것을 바라보면 상황은 완전히 달라진다.

우리나라 아파트에는 거의 비슷한 나무들이 살고 있다. 조경하는 사람들의 안목이 거의 같기 때문이다. 내가 사는 아파트에도 적지 않은 나무들이 살고 있다. 그러나 아파트 준공 허가를 받는 데 급급한 조경 때문에 나무들은 제대로 살아갈 수가 없다. 가끔 인근 아파트의 나무를 살펴봐도 내가 사는 아파트와 크게 다를 바 없다. 그래서 아파트마다 관리실에서 나무를 자르는 게 다반사다.

아파트 관리실에서 나무를 자르는 이유는 주로 나무가 자라서 낮은 층의 창문을 가리거나 큰키나무가 바람에 넘어질 수 있다는 우려 때문이다. 관리실의 나무 자르기는 부득이한 일이다. 그러나 조금만 나무의 입장을 생각하면 굳이 자르지 않아도 되는 경우도 있다. 한번은 이런 의견을 관리실에 전달했지만 어떤 입주민이 자신의 집에 방해된다고 민원을 넣으면 달리 방법이 없다는 대답만 듣고 돌아서야 했다. 나는 그래도 마음이 놓이지 않아 잘라놓은 나뭇가지를 들고 학교 연구실로 가져갔는데 연구실에 앉아서 나뭇가지를 볼 때마다 마음이 무척 불편했다. 내가 굳이 불편한 마음을 놓지 않는 것은 그런 일이 흔하게 일어나기 때문이다.

사람들은 흔한 것을 함부로 대하는 경향이 있다. 어느 날, TV 광고에서 남자 출연자가 나무 밑으로 걸어가다가 갑자기 손을 뻗어 나뭇가지를 흔드는 장면을 보았다. 또 어느 날은 TV 광고에서 여자 출연자가 나무 밑으로 달려가다가 갑자기 손을 뻗어 나뭇가지를 잡아 흔드는 장면을 보았다. 두 광고는 멋진 출연자의 모습을 더 멋지게 보여주기 위한 설정이었다. 그런데 광고기획자는 왜 잘 살고 있는 나뭇가지를 흔들어야만 멋지게 보인다고 생각했을까.

이처럼 일상에서 나무를 대수롭지 않게 대하는 장면은 아주 쉽게 만난다. 그러나 흔한 것을 귀하게 여기지 않는다면 인간은 어디에서 행복을 찾을 수 있을까. 가족끼리 매일 만나는 것도 참 흔한 일이지만, 가족 간의 만남이 세상에서 가장 소중하듯이, 왜 매일 만나는 나무는 세상에서 가장 귀한 존재로 여기지 않을까.

세상에는 흔한 것이 많다. 흔한 것이 많다는 것은 결국 그것이 인간에게 무척 필요하다는 뜻이다. 만약에 자신이 매일 사용하는 흔한 것을 하나하나 지우면서 살아간다면, 과연 인간은 며칠을 버틸 수 있을까. 아마 하루도 견디지 못하고 두 손 두 발을 들고 항복할 것이다. 사람들은 간혹 흔한 것을 천하다고 생각한다. 자신이 세상에서 가장 귀하듯이, 모든 생명체는 그 자체로 귀하다.

자존할 때 가장 아름답다

자존의 기준에서 보면 귀함과 천함, 많고 적음,
빠름과 느림을 구분하지 않는다.

———

● 자신이 누군지를 아는 것이 곧 삶의 과정이다.
특히 자신의 존재를 깨닫는 것은 자존을 실현할 수 있는 단초다. 자존
의 삶은 누구를 위한 것이 아니라 오로지 자신을 위한 것이다.

누구나 자존을 꿈꾸지만 쉽게 이루지 못한다. 그 이유는 무엇일까?
해답 중 하나는 불교 초기 경전인《숫타니파타》의 〈뱀의 품〉에 나오
는 〈무소의 뿔의 경〉에서 찾을 수 있다.

소리에 놀라지 않는 사자와 같이

그물에 걸리지 않는 바람과 같이

흙탕물에 더럽히지 않는 연꽃과 같이

무소의 뿔처럼 혼자서 가라

사자가 '백수(百獸)의 왕'으로 불리는 것은 어떤 소리에도 놀라지 않기 때문이다. 바람이 위대한 것은 어떤 그물에도 걸리지 않기 때문이다. 불교와 성리학에서 연꽃을 사랑하는 것은 진흙에서도 아름다운 꽃을 피우기 때문이다. 석가모니가 더욱 강조한 것은 무소의 뿔처럼 혼자서 가라는 메시지다.

나는 무소의 뿔을 생각할 때마다 물푸레나뭇과의 목서(木犀)를 떠올린다. 목서는 흰 꽃을 피우는 은목서와 노란 꽃을 피우는 금목서가 있으며 모두 늦가을 혹은 초겨울에 꽃이 핀다. 목서는 잎의 모양이 코뿔소를 닮아 붙여진 이름이다.

자존은 무소, 즉 코뿔소의 코가 하나이듯이 혼자의 힘으로 살아가는 모습이다. 석가모니가 탄생하면서 외친 '천상천하유아독존(天上天下唯我獨尊)'처럼 인간은 태어나는 순간부터 고귀한 생명체이기 때문이다.

석가모니 시절 인도 사람들은 물론 인류의 대부분은 존귀한 자로 살아가기보다는 힘 있는 자에게 예속된 삶을 살았다. 그래서 그 당시 석가모니의 외침은 엄청난 울림이었다. 물론 이 외침은 지금도 많은 사람들의 지지를 받고 있다. 석가모니의 외침은 영원히 모든 생명체들이 추구하는 삶이기 때문이다.

코뿔소는 하나의 뿔로 중심을 잡고 주로 혼자서 살아간다. 반면 대부분의 사람들은 혼자서 살아가는 데 익숙하지 않아 집단을 이루면서 살아간다. 하지만 사람들은 여전히 불안해 한다. 이 불안을 해소하기 위해서 또다시 다른 존재를 찾지만 불안은 여전히 남는다.

《숫타니파타》에는 '무소의 뿔처럼 가라'는 구절이 35~75쪽까지 40회가 등장한다. 혼자서 살아가기 위해서는 극복해야 할 것들이 많다. 무소의 뿔처럼 혼자서 살아가기 위해서는 친구, 아내는 물론 심지어 자식조차 원하지 말 것을 요구한다.

석가모니는 무소의 뿔처럼 혼자서 가는 모습을 낙엽에 비유하고 있다. 나무가 잎을 떨어뜨리듯이 사사로운 욕망을 걷어내고 살아야 한다는 뜻이다. 다른 존재에게 의존하는 것이야말로 자존을 방해하는 욕망이기 때문이다.

자존을 힘들게 하는 요인 중에는 상대방에 대한 의식을 꼽을 수 있다. 나도 나무를 만나기 전까지는 심하게 남을 의식했다. 남을 의식하면 어떤 일을 하더라고 집중하지 못하기 때문에 마음이 늘 혼란스럽다. 하지만 나무는 다른 존재를 의식하지 않고 오로지 자신의 길을 걷는 존재이다.

우리나라에서 가장 먼저 꽃을 피우는 나무는 무엇일까? 장미과의 매화라고 대답하는 사람이 많을 것이다. 어떤 사람은 녹나뭇과의 생강나무라 대답하기도 한다. 사람들은 저마다 자신이 본 꽃을 이야기한다.

그렇다면 우리나라에서 가장 늦게 꽃을 피우는 나무는 무엇일까?

어떤 사람은 여름에 피는 부처꽃과의 배롱나무나 아욱과의 무궁화를 꼽는다. 혹 어떤 사람은 늦가을이나 초겨울에 꽃이 피는 차나뭇과의 차나무를 말한다. 그러나 인간이 이야기하는 꽃 피는 시기는 나무에게는 전혀 무의미하다. 나무는 꽃을 일찍 피우거나 늦게 피우는 경우가 없기 때문이다.

자존하는 사람은 혼자서 지내길 즐긴다. 나무도 혼자서 살아간다. "대나무 순이 서로 달라붙지 않는 것처럼" 나무는 무소의 뿔처럼 혼자서 살아간다. 조선의 성리학자 회재 이언적이 독락당(獨樂堂)을 짓고 살았던 것도 같은 이치다. 외롭게 살라고 하면 더불어 사는 것이 답이라고 말하는 사람이 있다. 노인들도 외롭게 살라는 것이냐고 묻곤 한다. 외롭게 산다는 것은 더불어 살지 말라는 뜻이 아니라 의존하거나 예속되지 말라는 뜻이다.

요즘 많은 사람들이 혼자서 밥을 먹는 '혼밥'의 처지에 놓여 있지만, 이를 이상하게 생각하는 사람들은 많지 않다. 나도 저녁밥은 거의 혼자서 먹는다. 혼자서 먹는 게 아주 편하기 때문이다. 그만큼 현대인들은 혼자서 지내는 데 익숙하지만 여전히 우리나라 사람들은 몰려다니는 데도 익숙하다.

자존의 기준에서 보면 귀함과 천함, 많고 적음, 빠름과 느림을 구분하지 않는다. 자존은 밖의 사물에 따라 자신을 해치지 않는 상태를 말한다. 《장자》의 〈추수〉에는 자존의 중요성을 알려주는 우화가 등장한

나 무 예 찬

다. 나는 2천 5백 년 전의 이 이야기를 통해 자존이야말로 인류가 안고 있는 가장 중요한 문제라는 사실을 다시 한 번 확인한다.

발이 하나인 기(夔)라는 짐승은 지네를 닮은 노래기(蚿)를 부러워하고, 노래기는 발이 없는 뱀을 부러워하며, 뱀은 바람을 부러워하고, 바람은 눈(目)을 부러워하며, 눈은 마음을 부러워한다. 기가 노래기에게 말했다.

"나는 한 발로써 앙감질해서 뛰어가지만 자네만 못하네. 그런데 자네는 그 많은 발을 사용하는데 무슨 까닭인가?"

노래기가 말했다.

"그렇지 않네. 자네는 저 침 뱉는 사람을 보지 못했는가? 침을 내뿜으면 큰 것은 구슬 같고 작은 것은 안개와 같아서 섞이어 떨어지는 것 이루 헤아릴 수가 없네. 나는 천기(天機), 즉 하늘이 준 재능을 움직이면서도 그 까닭은 모르고 있네."

또 노래기가 뱀에게 물었다.

"나는 여러 발을 가지고 가도 자네의 발 없는 것을 따르지 못하니 무슨 까닭인가?"

뱀이 말했다.

"대개 천기의 움직임을 어떻게 고칠 수가 있겠는가? 또 낸들 어떻게 내 발을 쓸 수 있겠는가?"

하늘이 부여한 재능을 그대로 발휘하는 것이 자존이다. 누구를 닮으려고 하면 영원히 자존할 수 없으며 오로지 자신만이 닮을 대상이다. 그런데도 인간은 태어나면서 닮을 대상을 찾는다. 그러나 중국 춘추 말 노자가 말한 것처럼 인간이 닮을 대상은 자연뿐이다.

> "인간은 땅을 본받고, 땅은 하늘을 본받고, 하늘은 도를 본받고,
> 도는 자연을 본받는다(人法地, 地法天, 天法道, 道法自然)."

자연은 '스스로 그러하다'는 뜻이다. 자연은 그 누구에게도 의존하지 않은 채 자존의 삶을 산다. 인간도 자연처럼 애초부터 그런 존재다. 인간 스스로 그런 존재라는 것을 깨닫는 것이 공부의 목적이다. 나무는 스스로 자존하려는 의지 없이 저절로 그런 삶을 살지만 인간은 스스로 그런 존재이면서도 그런 줄 모르면서 살아간다.

나무는 그 누구에게도 배운 적 없이 자신의 모습을 그대로 드러내면서 당당하게 살아가지만, 인간은 태어나 온갖 방법과 엄청난 비용을 들여서 아주 오랜 기간 동안 배우지만 정작 자신이 누군지 깨닫지 못한다. 나도 40년의 세월이 흐른 뒤에야 그것을 깨달았다. 그러나 나는 늦게 깨달은 것이 아니라 나의 능력만큼 시간이 걸려서 깨달은 것이다. 그러니 자책할 필요도 없다. 그런 자신을 온전히 받아들이면 그만이니까.

안에서 자신을 다스리다

나무는 밖에서 자신을 다스리지 않는다. 언제나 안에서
나이테를 만들면서 자신을 다스려 밖으로 드러낸다.

● 나는 마음이 무엇인지 모른다. 마음의 철학적 의미도, 심리학적 의미도 모른다. 성리학자들은 마음을 '성(性)'과 '정(情)'으로 이해했다. 성리학은 '성'을 강조한 사상이고, 양명학은 '성'과 '정'을 함께 강조한 사상이다.

성리학에서는 성을 인간의 본성으로, 정은 인간의 욕망으로 이해한다. 특히 정은 인간의 본성을 가리는 주범이다. 그래서 정을 제거하는 것이 곧 본성을 회복하는 것이고, 본성을 회복하면 곧 성인의 경지에 이른다고 생각했다. 이를 통해 성리학에서는 누구나 성인의 경지에 이를 수 있다고 여겼다.

불교의 선종에서는 성리학과 달리 마음은 처음부터 청정하기 때문에 그 어떤 욕망도 걷어낼 필요가 없다고 가르친다. 나는 선종의 논리를 아주 좋아한다. 특히 중국 당나라 육조 혜능의 게송, 즉 불교의 시를 좋아한다. 게송에 나무가 등장하기 때문이다.

깨달음에 본래 나무가 없고 菩提本無樹
밝은 거울 또한 받침대가 없는 것 明鏡亦非臺
불성은 항상 청정한 것이니 佛性常淸淨
먼지 앉을 곳이 어디 있으랴? 何處有塵埃

마음은 진리의 나무 心是菩提樹
몸은 밝은 거울의 받침대 身爲明鏡臺
밝은 거울은 언제나 청정한데 明鏡本淸淨
어디에 먼지가 묻으랴? 何處染塵埃

혜능의 게송은 경쟁자였던 신수의 게송에 대한 반박이었다. 신수는 다음과 같이 게송을 읊었다.

몸은 깨달음의 나무 身是菩提樹
마음은 밝은 거울의 받침대 心如明鏡臺
때때로 털고 부지런히 닦아 時時勤拂拭
먼지 앉지 않게 하자 莫使有塵埃

내가 혜능의 게송을 좋아하는 또 다른 이유는 그가 일자무식의 나무꾼 출신이라는 점이다. 그는 그 누구에게도 글자를 배운 적이 없었지만 스님의 금강경을 듣고 홍인이라는 스승을 찾아가 6개월 동안 디딜방아를 찧는 일만 하다가 자신의 본성을 깨달았던 사람이다. 그는 어떻게 자신이 부처라는 것을 알았을까. 나는 그가 나무꾼이기 때문에 나무를 만나 깨달음에 이르렀다고 생각한다.

　　석가모니도 보리수나무 아래서 자신의 마음이 본래부터 청정하다는 것을 깨달았다. 어떤 나무든 깨달음의 대상이지만 뽕나뭇과의 보리수나무는 석가모니와의 인연으로 '깨달음의 나무'로 불린다. 그런데 우리나라 사찰에서는 피나뭇과의 피나무를 보리수나무로 부른다. 심지어 피나무에 보리수나무라는 이름표까지 달아놓은 사찰도 있다.

　　혜능은 달마대사가 전한 인도의 선종을 중국식으로 바꾼 주인공이다. 그가 주도한 선종이 바로 우리나라 불교의 최대 종파인 조계종이다. 나는 불교 신자가 아니지만 혜능의 선법을 아주 좋아한다. 혜능은 누구도 자신이 부처라는 사실을 깨닫기만 하면 해탈의 경지에 이를 수 있다는 사실을 보여준 사람이기 때문이다.

　　우리나라에서는 석가와 혜능의 가르침은 어디론가 사라지고 기복 신앙이 판을 친다. 수능철만 다가오면 모든 사찰마다 합격기도를 홍보하는 현수막이 걸리고, 신자들도 뻔질나게 드나든다. 기독교도 예외가 아니다. 신상의 책임자들은 자신들의 행동이 혹세무민이라는 사실을 잘 알 터인데도 돈에 눈이 어두워 노점 상인처럼 호객 행위를 서

습지 않는다.

　나는 인도 철학과 사상의 바이블로 꼽히는《우파니샤드》도 무척 좋아한다. 그중에서도 다음의 구절에서 감동의 순간을 맞는다.

　　아트만을 알면 모든 것을 알 수 있다. 브라만을 알면 모든 것을 알 수 있다. 아트만이 곧 브라만, 브라만이 곧 아트만이기 때문이다. 따라서 아트만은 '일지(　一知)'다. 일자인 아트만을 알면 "들을 수 없던 것을 들을 수 있고, 인식할 수 없던 것을 인식할 수 있고, 알 수 없던 것을 알 수 있다. 진흙덩어리로 만든 모든 것은 진흙의 변형에 불과하듯, 삼라만상은 아트만의 변형에 불과하다.

　《우파니샤드》는 기원전 1,500년에서 기원전 1,000년 무렵에 형성된 인도 초기의 종교 경전인《리그베다》의 최종판이다. 기원전 800년부터 기원전 300년까지, 500년간《리그베다》에 나타난 고대 사상을 인간 내면의 세계와 결부시켜 철학적으로 발전시킨 지혜의 담론이다.

　나는 인도의 지혜의 담론이 숲에서 이루어졌다는 사실에 또 한 번 감동했다. 숲은 내가 곧 우주라는 사실, 우주가 곧 자신이라는 사실을 깨닫는 데 가장 적합하다. 나무와 나무 사이에 앉아 숲에서 나오는 기운을 마시면서 몸을 맡기면 자신이 곧 우주라는 사실을 체험할 수 있다.

　나무는 청정하다. 우주도 청정하다. 그래서 인간도 청청하다. 그러나 많은 사람들이 자신이 청정한 줄을 모른다.

나도 나무를 만나기 전까지 내 자신이 청정한 줄 몰랐다. 언제나 누군가에게 주입당하는 교육만 받았기 때문이다. 나는 그동안 끊임없이 밖에서 자신을 다스리는 법만 배웠을 뿐이다. 그러나 나무는 밖에서 자신을 다스리지 않는다. 언제나 안에서 나이테를 만들면서 자신을 다스려 밖으로 드러낸다. 나무는 줄기에만 나이테가 있는 것이 아니라 가지에도 나이테가 있다. 그래서 나무는 몸 전체가 동시에 안을 다스린다. 그래야만 그토록 오랫동안 살아갈 수 있기 때문이다.

한국의 전통 사회는 늘 겸손을 강조했다. 겸손은 밖에서 안을 다스리는 방식이다. 언제나 남을 의식하는 행동을 강조하기 때문이다. 하지만 나무처럼 안을 들여다보면 자신이 어떻게 살아갈지를 알 수 있다. 자신이 늘 부족하다고 생각하기보다 자신의 능력을 드러내기 위해 노력해야 한다.

본래의 모습대로 살아가다

나무가 아름다운 것은 자신의 능력대로 살아가기 때문이다.

———

● 나는 《성경》을 한 번도 완독하지 못했지만, 간혹 읽곤 한다. 대학 졸업 후 가톨릭 신자로서 잠깐 신앙생활을 한 적도 있었지만, 지금은 신자로서의 호적도 사라졌다.

나는 애초 가톨릭을 학문으로 접근했다. 내가 가톨릭에 관심을 가진 것은 대학원 진학 후 중국사를 전공하면서 조선 후기 이벽을 비롯한 조선의 천주교도들이 중국을 통해서 가톨릭을 이해하는 방식에 끌렸기 때문이다.

나는 잠시 신부를 꿈꾼 적도 있었다. 독실한 가톨릭 신자였던 대학 동기가 나에게 신부를 권했기 때문이다. 나는 당시 나에게 신부가 잘 어울린다는 감언이설에 귀가 쫑긋했다. 그러나 신부가 되기 위해 필요한 공부를 끝까지 할 수 있는 능력과 의지가 없다는 것을 잘 알고 있었기 때문에 감언이설에서 바로 벗어날 수 있었다. 물론 대학 동기 덕분에 지금도 가톨릭에 대한 관심은 마음에서 지우지 않고 있다.

가톨릭을 이해하는 방법 중 하나는 성당을 찾는 일이다. 그래서 나는 성당을 답사 코스로 잡곤 한다. 내가 성당을 찾는 가장 큰 이유는 자연생태 때문이다. 성당은 개신교보다 오래된 역사 덕분에 나이 많은 나무가 적지 않을 뿐 아니라 조경 수준도 아주 높다.

가장 최근에 다녀온 성당은 충청북도 제천에 위치한 배론성지다. 배론은 주론(舟論)의 '주'가 '배'를 의미하기 때문에 생긴 이름이다. 이곳은 바로 황사영이 조선의 천주교 박해 과정을 비단에 적어서 중국 북경의 프랑스 주교에게 보낸 '황사영 백서 사건'의 현장이다. 이곳의 가을 풍경은 장관이라 많은 신자들뿐만 아니라 나처럼 비신자들도 즐겨 찾는 관광 명소이다.

내가 살고 있는 인근의 경상북도 칠곡군 왜관읍과 동명면에도 가톨릭 성지가 있다. 나는 현재 이러한 전국의 가톨릭 성지를 답사하면서 나름의 역사를 정리하고 있다. 그 이유는 내가 준비하고 있는 '대한민국국토생태실록' 작업의 일환이기도 하지만, 가톨릭의 교회에는 자연생태를 잘 보존하고 있는 곳이 많기 때문이다.

가톨릭교회의 자연생태는 기독교의 교리대로라면 하느님의 창조물이다. 따라서 기독교 관련 공간에서 만나는 식물은 하느님의 뜻을 이해하는 데 중요한 역할을 한다. 식물이 하느님의 뜻대로 이 땅에 탄생했다면 나무의 삶은 곧 하느님이 부여한 달란트(Talent)의 구현이

나 무 예 찬

다. 달란트는 '저울로 무게를 다는 최대의 단위'를 뜻한다. 달란트는 '한 덩어리'를 뜻하는 히브리어 '키카르(kikar)'의 음역이며, 헬라어 '탈란톤(talanton)'은 '저울', '계량된 것'을 뜻한다. 이처럼 무게와 화폐의 단위를 의미했던 달란트가 재능과 능력을 나타내는 뜻으로 사용되고 있는 것이다.

저울은 재능을 발휘하는 데 매우 중요하다. 고대시대의 저울은 어떤 나라든 시대와 지역에 따라 달랐지만, 하느님이 인간에게 부여한 저울은 무게가 다를지라도 그 가치는 같았다. 인간은 어떤 경우에도 하느님이 부여한 재능 밖에서 살아갈 수 없다. 문제는 자신의 재능을 어떻게 저울질하느냐이다. 저울의 한자는 '권(權)'이다. '권'은 '나무로 만든 저울'을 뜻한다. 저울의 역할은 어떤 물건이든 무게에 맞게 평가한다는 데 있다. 중국 전국시대 맹자는 '인(仁)'과 '의(義)'로 정치하는 '왕도(王道)'와 힘으로 정치하는 '패도(覇道)' 외에 '권도(權道)'를 주장했다.

저울을 통해 가볍고 무거운 것을 알 수 있듯이, 사람도 자신의 능력을 판단할 줄 알아야 한다. 세상에는 자신의 능력을 제대로 알고 살아가는 사람이 있는 반면 자신의 능력도 모르면서 살아가는 사람도 있다. 하느님이 부여한 능력이 무엇인지를 정확하게 저울질할 줄 아는 사람은 세상에 자신의 능력을 발휘하면서 행복하게 살아갈 수 있는 반면, 그렇지 못한 사람은 아마도 하는 일마다 잘 풀리지 않아 불행하게 살아갈 것이다.

자신의 능력을 제대로 안다는 것은 본래의 모습을 이해한다는 뜻이다. 나무는 자신의 모습대로 살아가는 존재다. 내가 가톨릭의 교회에 가서도 나무를 유심히 관찰하는 것은 하느님의 모습을 있는 대로 보는 행위다. 그래서 굳이 교회 안에 들어가서 예수와 마리아 상에 예배하지 않아도 하느님의 말씀을 들을 수 있다.

하느님의 말씀은 언제나 태어나면서 받은 능력을 더하지도 빼지도 않고 있는 그대로 발휘하면서 살라는 데 있다. 교회에 살고 있는 한 그루의 나무도 신자들이 하느님의 뜻을 실천하는 과정에서 태어난 생명이다. 내가 만난 가톨릭의 교회의 나무 중에서 강원도 횡성의 풍수원성당에 살고 있는 느릅나뭇과의 느티나무와 강원도 원주시의 용소막성당에 살고 있는 소나뭇과의 잣나무는 참 편안하게 하느님의 목소리를 들을 수 있는 나무다.

하느님은 당신이 창조한 피조물을 보면서 참 보기 좋다고 말했다. 인간도 자신이 낳은 자식을 보고 있으면 참 보기가 좋다. 사람들이 나무를 보고 있으면 참 기분이 좋은 것도 나무들이 하느님의 뜻대로 살고 있기 때문일 것이다. 누구나 태어나면서 가진 능력을 자연스럽게 발휘할 때 보기가 참 좋다. 보기가 참 좋은 것일수록 아름답다. 나무가 아름다운 것도 자신의 능력대로 살아가고 있기 때문이다.

개신교의 교회에도 하나님의 뜻대로 살아가는 나무들이 있다. 내가 만난 나무 중에서 경상북도 영천시 자천교회에 살고 있는 노박덩굴과의 사철나무는 아마도 대한민국의 사철나무 중에서도 가장 나이가 많고 키가 큰 존재일 것이다. 자천교회는 약 100년 전 기와로 만든 한옥 교회다. 정면 4칸과 측면 4칸의 정사각형 건물이면서 안에는 남녀가 달리 앉도록 설계된 문화재다. 자천교회는 건물도 문화재지만 사철나무도 사실상 문화재로 평가해야 한다. 사시사철 늘 푸른 이곳의 사철나무는 이 교회 장로의 수목장이기도 하다. 삶과 죽음이 공존하는 자천교회의 사철나무는 곧 하나님의 은총이자 축복으로 탄생한 나무인 것이다.

나이에 집착하지 말자

나이는 삶의 과정이다.
삶의 과정을 매일 계산해서 살아간다면 불행한 일이다.

———

● 나이테는 나무를 이해하는 중요한 방법이지만 절대적인 기준은 아니다. 나이테는 일 년 단위로 성장하는 개념이지만 열대지방의 나무들은 반드시 일 년 단위로 성장하지 않는다. 게다가 버드나무처럼 나이테를 정확하게 구분할 수 없는 나무들도 있다.

나무는 줄기에서만 나이테를 만드는 것이 아니라 가지에서도 나이테를 만든다. 나이테가 분명한 나무들은 줄기의 나이테를 통해 나이를 가늠할 수 있다. 가지의 나이테는 가지만의 나이를 알려주는 중요한 정보다.

나는 간혹 잘려나간 줄기의 나이테를 촬영하기도 하고, 세어보기도 한다. 잘려나간 나무의 나이테를 세는 것은 가슴 아픈 일이다. 나무는 죽음으로써 정확하게 나이를 알 수 있기 때문에 나무의 나이를 정확

나 무 예 찬

하게 안다는 것만큼 슬픈 일도 드물다. 물론 요즘은 기술의 발달로 인해 다양한 방법으로 나무의 나이를 짐작하지만, 그래도 결국은 나무가 죽은 뒤에야 나무의 나이를 정확하게 알 수 있다.

충북 괴산군 삼송리의 왕소나무가 죽은 후 나이테가 궁금해서 찾아간 적이 있다. 왕소나무는 죽기 전까지만 해도 우리나라 소나무 중에서 가장 나이가 많은 600살이었다. 그래서 이름도 왕소나무다. 나는 왕소나무가 살았을 때 여러 번 만났는데 생전 왕소나무의 자태는 매우 웅장했다. 왕소나무는 태풍에 쓰러진 뒤 일 년 동안 누운 채로 소생 치료를 받았지만 끝내 살아나지 못하고 죽었다.

현재 왕소나무는 죽은 채로 그 자리에 누워 있다. 문화재청에서 죽은 왕소나무를 그 자리에 보관하고 있기 때문이다. 하지만 안타깝게도 죽은 왕소나무는 줄기가 갈라져서 나이테를 알아볼 수 없었다.

죽은 왕소나무는 살았을 때와 모습이 전혀 달랐다. 생전에는 나무의 줄기도 아주 붉어서 마치 황토를 바른 듯했지만, 지금은 회색으로 변해 있었다. 더욱이 생전에는 보는 사람이 위축될 만큼 웅장한 모습이었지만 지금은 왜소한 느낌마저 들었다.

나는 왕소나무를 보면서 살아 있는 모습과 죽은 모습이 엄청나게 다르다는 것을 체험했다. 더욱이 나는 왕소나무를 보면서 몇 백 년을 산 나무는 나이테를 알 수 없다는 생각이 들었다. 중국 숭산 자락에 위치한 숭양서원에 살고 있는 4,500살의 측백나무도 왕소나무처럼 나이테를 가늠할 수 없었다. 완전히 속이 비어버린 상태였기 때문이다.

괴산의 왕소나무나 숭양서원의 측백나무처럼 어느 정도 절대 시간이 지나면 나이는 무의미할지도 모른다. 절대 시간을 산 존재들은 나이를 계산하지 않고서도 충분히 자신감을 갖고 살아갈 수 있기 때문이다.

고령사회에 접어든 우리나라의 경우 유난히 나이를 의식하는 사람들이 적지 않다. 예컨대 60세가 넘은 분들 중에는 젊은 사람들이 할아버지나 할머니로 부르면 언짢아하는 분들이 있다. 그런 사람들은 왜 자신을 늙은이 취급하느냐고 항변한다. 아직 자신들은 청춘이라 생각한다. 물론 젊게 사는 것은 좋은 일이지만 젊게 사는 것과 젊어 보이는 것은 다르다. 젊게 사는 것은 자신이 선택하는 것이지만 젊게 보느냐의 여부는 상대방이 선택하는 것이기 때문이다. 내가 아무리 젊게 살더라도 상대방이 그렇게 생각하지 않는다면 어쩔 수 없는 일이다. 그런데도 상대방에게 왜 자신을 늙은이 취급하느냐고 따지면 그것 자체가 늙었다는 증거다.

나무는 나이를 의식하지 않는다. 다만 하루하루 열심히 살 뿐이다. 나무처럼 하루하루 열심히 사는 사람은 상대방이 어떤 형태로 부르든 간에 상관하지 않는다.

사람의 나이를 드러내는 것 중 하나가 머리카락이다. 한국인의 경우 젊을 때 머리카락이 검기 때문에 머리카락이 희게 변하는 데 매우 민감하다. 실제로 머리카락의 검은가의 여부가 나이를 가늠하는 데 매우 중요한 기준으로 작용한다. 특히 여성의 경우 흰 머리카락에 아주 민감하다. 그러나 머리카락의 색깔은 반드시 나이에 비례하지 않는다. 사람에 따라서는 어린 나이에 흰 머리카락이 생기기도 하고, 갑자기 스트레스를 받으면 머리카락 색이 변하기도 한다. 공자의 애제자였던 안연(顏淵)은 20대 초반에 백발이었다. 그가 젊은 나이에 백발이었던 것은 열심히 공부했기 때문이다. 그러나 모든 사람이 젊을 때 열심히 공부한다고 해서 머리카락이 희게 변하지는 않는다.

동서양을 막론하고 사람들은 나이에 민감하다. 그래서 여성에게 나이를 묻지 말라는 속담까지 있을 정도다. 주변의 여성에게도 괜히 실례하는 기분이 들어 나이를 묻기 어렵다. 나는 강연에서도 나이를 자주 이야기한다. 그 이유는 나이를 밝히는 것이 이야기를 전달하는 데 편하기 때문이다. 괜히 나이를 밝혀야 할 때 말하지 않으면 마음이 편하지 않다. 나이를 숨길 이유가 전혀 없는데도 나이를 밝히지 않는다면 자신에게 떳떳하지 못한 느낌이 들기 때문이다.

나무를 만나러 다니다 보면 천연기념물이나 보호수의 경우 나무의 나이를 표기한다. 어떤 사람은 표기한 나무의 나이를 믿는가 하면 어떤 사람은 믿지 않는다.

일 년 전 나는 안동 어느 정자에서 몇 백 살에 이르는 느티나무를 만났다. 그때 몇 분이 정자로 오더니 느티나무의 나이가 적다고 투덜

댔다. 안내문에 적힌 것보다 나무의 실제 나이가 훨씬 많다는 것인데 자신들이 정자 근처에 살고 있어서 어릴 때부터 나무를 봤다는 것이 그 근거였다. 나는 그들의 말을 듣고 도저히 가만있을 수 없어서 느티나무의 생장 속도에 대해 설명해 주었다. 그때서야 그들은 자신의 주장을 굽혔다. 천연기념물이나 보호수의 나이는 정확하지 않다. 그러나 전혀 근거 없이 무턱대고 표기하는 것도 아니다. 적당히 그 정도의 나이거니 생각하면 충분할 것을 목숨을 걸고 정확한 나이를 계산하려 들면 주변 사람들이 고통스럽다.

사람이 나무의 나이에 집착하는 것은 그만큼 자신의 나이에 집착한다는 뜻이다. 나무는 자신의 나이에 전혀 관심을 갖지 않고 살아가는데 사람이 나무의 나이에 목숨을 걸 필요는 없다. 혹 나무의 나이를 전문으로 연구하는 사람이라면 모를까.

나이는 삶의 과정이다. 그러나 삶의 과정을 매일 계산해서 살아간다면 불행한 일이다. 나무가 나이테를 만들거나 그렇지 않거나 상관없이 세월을 숨김없이 품고 있듯이, 인간의 몸에는 세월의 흔적이 고스란히 남아 있다. 아무리 숨기고 싶어도 숨길 수 없는 것이 세월의 흔적이다. 그러니 그냥 당당하게 나이를 밝히면서 살아가는 것이 행복의 지름길이라고 생각한다.

정면 승부의 삶

정면 승부는 무모한 행동이 아니라 강한 책임감이다.
강한 책임감은 뒤로 물러서지 않는 배수진(背水陳)의 정신이다.

―――

● 살다 보면 피해야 할 일들이 아주 많으며 피하지 않고 사는 법은 없다. 비가 오면 비를 피해야 하고, 바람이 세차게 불면 바람도 피해야 한다. 동물은 어쩔 수 없이 닥쳐오는 일들을 피하면서 살아야 한다. 그러나 나무는 땅에 뿌리를 박고 사는 생명체라서 피하려 해도 피할 수가 없으니 숙명적으로 피하지 않고 사는 법을 터득할 수밖에 없다.

동물도 무조건 피하면서만 살아갈 수는 없다. 인간이 피하지 않고 살아갔던 최초의 시대는 신석기시대였다. 거주지를 옮기며 살았던 구석기시대와 달리 신석기시대에는 인간의 정착 생활이 시작되었다. 인간이 한곳에서 정착할 수 있었던 것은 식량 문제를 어느 정도 해결할 수 있었기 때문인데, 농사와 그릇은 인간이 정착하는 데 결정적인 역할을 했다. 그러나 농경을 시작한 인간은 끊임없이 다른 곳으로 옮겨 가야만 했다. 홍수로 집과 농토를 잃거나 더 이상 농사를 지을 수 없을 만큼 토양이 황폐하게 변하면 부득이 다른 곳으로 이동해야만 했다. 그러나 나무는 어떤 상황이 닥쳐도 스스로 움직여 사는 방법을 찾을 수 없었다.

나는 나무를 '정면 승부'의 삶이라 평가한다. 인간도 살면서 자주 정면 승부에 직면한다. 정면 승부는 바로 승패가 갈려 운명을 결정하기 때문에 무척 힘이 든다. 그래서 인간은 가능하면 정면 승부를 피하려고 한다. 나도 나무를 만나기 전까지는 정면 승부를 무척 꺼렸다. 자칫하면 큰 상처를 입을 수 있기 때문이다. 나는 어린 시절 정면 승부 과정에서 상처를 심하게 입은 일이 있었다.

초등학교 6학년 시절 또래보다 몸집이 컸던 나는 아버지를 닮아 모든 운동을 아주 잘했다. 그래서 씨름 선수, 육상 선수 등을 하면서 친구들에게도 꽤 인기가 있었다.

나는 운동을 잘하면 싸움도 잘하는 줄 알았다. 그래서 당시 친한 친구와 누가 싸움을 잘하는지 정면 승부를 벌이기로 했다. 옆 친구들도 흥미진진하게 승부를 부추겼는데 싸움은 결국 동네 싸움으로 확대되었다. 나는 고향 친구들의 호위를 받았고, 상대 친구도 마찬가지였다. 싸움이 벼논에서 이루어졌으니 시기는 가을 추수가 끝난 뒤였을 것이다. 나와 상대는 벼논 중심에서 조금씩 떨어져 각각 서 있었고, 친구들은 진영을 나눠 벼논 가장자리에 앉아 있었다.

난생처음으로 한 정면 승부는 나의 처참한 패배로 끝났다. 나는 친구의 주먹에 얼굴을 맞아 눈을 뜰 수가 없었고 지금도 집에 어떻게 돌아갔는지조차 생각나지 않는다. 다만 이틀 정도 학교에 가지 못한 것과 결석한 나를 찾아오셨던 담임선생님은 또렷이 기억난다.

나는 정면 승부에서 패한 이후 한 번도 싸움을 하지 않았다. 아울러 나무를 공부하기 전까지 정면 승부도 하지 않았다. 대학 입학 때도 신문방송학과에 진학하고 싶었지만 원서 마감 때 지원자가 많아 그 자리에서 역사철학 계열로 바꿔 응시했다. 내가 역사를 전공한 것도 역사를 좋아해서가 아니라 오로지 삼수를 할 의지가 없었기 때문이다. 대학 졸업 후 입학 때 가졌던 꿈을 실현하기 위해 방송국 시험에 응시했지만 떨어졌고, 재수 끝에 대학원에 입학했다. 대학원에서 역사 전공으로 박사학위를 받았지만 나는 역사와 정면 승부를 하지 않고 나무를 선택했다.

나무를 선택한 지 18년의 세월이 흘렀다. 나무와 함께한 시간은 내가 어떤 것을 선택한 것 중에서 가장 길다. 나무를 선택한 이후에도 적잖은 위기가 있었지만 내가 지금까지 잘 버텼던 이유는 나무의 삶을 배웠기 때문이다. 내가 나무에게 배운 것 중 정면 승부는 가장 큰 소득이다. 정면 승부는 무모한 행동이 아니라 강한 책임감이다. 강한 책임감은 뒤로 물러서지 않는 배수진(背水陣)의 정신이다.

나는 그동안 정면 승부해야 할 순간에 책임을 회피했다. 그러다 보니 한 번도 제대로 능력을 발휘하지 못했다. 학창 시절 친구와 정면 승부를 했을 때는 패하긴 했지만 나의 능력을 발휘할 수 있었다. 능력을 발휘한다는 것은 반드시 승리를 의미하지 않으며, 능력을 발휘한다는 것은 능력을 확인하는 의미도 함께 갖는다. 내가 당시 친구와 정면 승부를 하지 않았다면 스스로 싸움을 잘하는지, 그렇지 않은지를 판단할 수 없었을 테지만 정면 승부를 벌인 결과 싸움에 대한 나의 능력을 정확하게 파악할 수 있었다. 나는 친구와의 싸움에서 희생도 컸지만 엄청난 성과를 거둔 셈이다.

나무는 더 이상 나를 도망가지 못하게 만들 만큼 매력적인 존재였다. 내가 나무를 만나기 전에 이곳저곳으로 도망갔던 까닭은 다른 곳에 지금보다 더 나은 것이 있을지도 모른다는 기대 때문이었다. 그러나 도망간 곳도 별반 다르지 않았다.

나무는 도망가지 않으면서도 변화무쌍한 삶을 살아간다. 사람이 도망가는 것은 스스로 단조로운 삶을 살기 때문이다. 단조로운 삶은 다른 곳으로 돌파구를 찾는 동기를 제공한다. 그러나 다른 곳에 가보면 거의 같은 모습이다. 나무는 스스로 변해서 단조로움을 없애지만 사람은 단조로운 것을 다른 곳에 의지해서 해결하려 한다.

어느 날, 학교에서 나무 사진을 촬영하다가 후배를 만났다. 후배는 나를 보더니 "선배님, 이곳의 나무를 촬영하지 않았나요?"라고 물었다. 후배는 다시 "그런데 왜 시간을 내서 다시 촬영하는지요?"라고 물었다. 나는 "내가 변했으니까"라고 대답했다. 후배는 "아! 그렇게 깊은 뜻이 있었군요"라고 대답하고 총총히 떠났다.

내가 나무의 변화를 사랑해서 나무를 사랑한다지만 내가 변하지 않는다면 나무의 변화를 읽을 수 없다. 내가 단순히 나무의 변화만을 존중했다면 지금까지 배수진의 삶을 살지 못했을 것이다. 나무에게 배운다는 것은 나무의 삶을 이해하는 차원이 아니라 나무처럼 살아간다는 것을 의미한다.

나무처럼 피하지 않으면 엄청나게 힘든 삶일 것이라 생각할 수도 있지만 실상은 그렇지 않다. 물론 나무가 피하지 않아 상처받는 일도 적지 않다. 그러나 움직이는 자의 경우, 도망가는 자는 도망가는 과정에서 엄청난 에너지를 소비해야 하지만 나무는 움직이지 않기 때문에 에너지를 소비하지 않아도 된다. 나무는 동물이 움직이는 과정에서 소비하는 에너지를 피하지 않으면서 받는 상처를 치유하는 데 사용할 수 있다. 나도 이제 다른 곳에 관심을 갖지 않고 오로지 나무에만 집중할 수 있는 능력을 키웠다. 그래서 이전보다 훨씬 많은 에너지를 한곳에 투자할 수 있다. 그 덕분에 효과도 이전보다 훨씬 높다.

길을 잃을 때 새로운 길이 생긴다

나무는 자식들에게 길을 일러주지 않는다.
그러나 나무의 열매는 낯선 곳에서도 살아남는다.

———

● 산에 갈 때 대부분 사람들은 등산로를 따라간다. 그런데 등산로를 따라가다 보면 간혹 새로 생긴 길을 만나게 된다. 요즘 인근 산에는 등산객들이 많아서 등산로마다 사람이 북적이는데 그러다 보면 다니기에 불편할 때가 있다. 그래서인지 누군가 다시 등산로를 만든다. 대부분의 등산로는 빨리 가는 쪽으로 만들어놓기 때문에 새로 만든 길은 대부분 기존의 길보다 둘러서 가게 된다. 나는 새 길이 궁금해서 새로 난 길로 가는 걸 좋아하는 편이다.

세상에는 수없이 많은 길이 있다. 길도 큰길, 작은 길, 좁은 길 등 아주 다양하다. 아주 큰길은 도(道), 작은 길은 도(途), 지름길은 경(徑), 외딴길은 '유경(幽徑)'이라 부른다. 세상 사람들은 대부분 큰길을 선호하지만 옛 선비들은 유경을 좋아했다. 유경을 사랑한 사람 중에서

중국 남송 양만리(楊萬里)의 〈맑게 갠 봄날 고향을 그리워하며〉는 내
가슴을 설레게 한다.

> 정자와 누각 있는 물가의 대나무 숲
> 따라나서는 사람 없어 혼자 집을 나섰네.
> 따뜻한 봄 햇살에 버들가지 늘어지고
> 맑게 개인 하늘 아래 꽃 그림자 몽롱하네.
> 한 차례 비 지나간 뒤 외딴길 한적한데
> 둥지 나온 새들은 기쁜 소리 지저귀네.
> 다만 빠진 것은 붉은색 해당화
> 두 해 동안 한식날 해당화를 보지 못했네.

북적대는 큰길보다 사람의 발길이 드문 한적한 곳에 붉게 핀 해당
화를 생각하면 절로 웃음이 나온다. 외딴길을 혼자서 걷다 보면 불안
할 수도 있을 터지만, 꽃 그림자가 반기니 무엇을 두려워할 것인가.
혹 이러한 장면을 송대 사대부만의 전유물로 생각할지도 모르지만,
지금은 누구나 누릴 수 있다.

요즘 나는 제자들에게 낯선 길을 강조한다. 내가 낯선 길을 강조하
는 것은 단지 학생들이 익숙한 길을 선호하기 때문이 아니다. 낯선 길
을 가지 않고서는 익숙한 길을 이해할 수 없기 때문이다. 많은 사람들
이 익숙한 길을 걷지만 실제 익숙한 길이 어떤 길인지를 정확하게 아

는 사람은 없다. 익숙하기 때문에 아무 생각 없이 그냥 걷기 때문이다. 예컨대 어떤 사람에게 자신이 매일 걷는 길을 도면에 그리게 하면 과연 몇 사람이 정확하게 그릴 수 있을까. 정확하게 그리는 사람은 아주 드물 것이다. 설령 그리더라도 매우 단순하게 표현할 것이다. 주변에 무엇이 있는지를 정확하게 표현하는 사람은 한 사람도 없을지 모른다. 그만큼 사람들은 익숙한 길조차 익숙하지 않다.

낯선 길을 걸으면 자신이 그동안 걸었던 길과 비교할 수 있는 눈이 생긴다. 게다가 낯선 길은 조금 불안하기 때문에 조심조심 걷는다. 조심조심 걷다 보면 주변에 대해서도 관심을 갖는다.

나는 그동안 많은 길을 잃었으며 인생의 길을 찾아 많이 헤맸다. 나는 길을 잃고서도 새로운 길을 찾았다. 길을 잃지 않고서는 새로운 길을 얻을 수 없다. 여러 갈래의 길을 동시에 갈 수 없기 때문이다. 결국 인생은 한 길로 가야 한다. 하지만 처음부터 하나의 길을 선택해서 평생 걷는 사람은 아주 드물다. 길은 어차피 가다 보면 끊긴다. 세상에 끝나지 않는 길은 없으며 길이 끝나면 다시 돌아서야 한다. 하지만 돌아서서 반드시 같은 길을 올 필요는 없으며 전혀 다른 길로 들어서도 괜찮다. 나무는 길을 만들지 않는다. 그 대신 나무는 나의 길을 만들어주었다.

나는 대학 시절 마르셀 프루스트의 《잃어버린 시간을 찾아서》를 읽다가 시간을 찾기는커녕 무슨 말인지 도저히 이해할 수 없는 상황에 빠져버렸다. 군대 간 셋째 형의 부탁으로 《잃어버린 시간을 찾아서》

를 구하기 위해 전국을 찾아다니다가 결국 내가 살던 대구 어느 서점에서 책을 구했다. 그때의 기분은 정말 날아갈 것만 같았지만 나는 몇 줄 읽다가 그만 책을 덮고 말았다. 그런데 묘한 것은 아직도 '잃어버린 시간'에 대한 생각이 머릿속을 떠나지 않는다는 사실이다. 간혹 나는 책장에서 먼지 묻은 《잃어버린 시간을 찾아서》를 꺼내곤 한다. 인간은 잃어버린 시간만큼 잃어버린 길도 많을지 모른다는 생각 때문이다. 사람마다 잃어버린 시간을 찾고 싶을 것이다. 그러나 어린 시절 걸었던 잃어버린 길에 대해서는 관심이 적다.

저마다 잃어버린 길을 찾아 나서는 장면을 상상하면 가슴이 뛴다. 사람마다 잃어버린 길은 어떤 모습일까 궁금하기 때문이다. 누구나 늘 자신이 가고 싶었던 길을 그리워하겠지만 이런저런 사정으로 가슴에만 묻어두고 살아갈지 모른다.

나는 늘 고향 뒷산인 마음산(馬飮山)이 그립다. 뒷산에서 어린 시절을 온전히 보냈기 때문이다. 어느 날, 겨울철 땔감을 구하러 다니던 길이 그리워서 마음산에 올라갔지만 바로 뒤돌아 와야만 했다. 입구부터 길이 막혀 있었기 때문이다. 땔감을 하러 다닐 때 산길은 나무가 없어서 아주 쉽게 다닐 수 있었지만 지금은 사람의 발길이 닿지 않아서 길이 사라져버렸다.

여름철에 뒷산에서 소에게 풀을 먹일 때도 낯선 길로 들어선 적이 있다. 민둥산이었던 시절이라 소를 먹일 풀이 없어 여기저기 헤매다가 길을 잃었다. 소의 경우도 마찬가지다. 무리를 떠나 혼자 다른 길로 들어가면 길을 잃고 만다. 소가 길을 잃으면 마을의 어른들이 소를 찾아 밤새 헤매야 하기 때문에 그보다 큰 낭패가 없었다.

겨울철 지게를 지고 땔감을 할 때도 다른 사람보다 땔감을 먼저 준비하기 위해 낯선 곳으로 들어설 때가 있었다. 그곳에는 가시덤불이 기다리고 있다. 땔감을 하다 보면 얼굴이나 손이 나무에 긁히기도 하고 종종 가시에 찔러 피가 나기도 한다. 그렇지만 가시덤불을 헤치고 길을 찾아 빠져나와야 한다.

땔감을 지게에 싣고 가다가 지게의 다리가 바위에 걸려 넘어지면 땔감이 낭떠러지로 데굴데굴 굴러가서 나무에 걸려 멈추게 된다. 이럴 때가 가장 난감하다. 빈 지게를 지고 아래로 내려가서 다시 땔감을 지게에 얹어 집으로 가야 하기 때문이다. 이 경우에는 아예 없는 길을 만들어야만 한다. 스스로 길을 만들지 않고 머뭇거리다가 어둠이 덮치면 혹 죽음에 이를 수도 있기 때문이다. 지금도 당시의 경험을 되새김질하면 등골이 오싹하다.

언젠가 고향에 갔다가 돌아오는 길에 어릴 적 길을 헤맸던 산을 바라보았다. 지금은 그곳에 갈 수 없지만 잃었던 길 덕분에 차를 몰고 넓은 신작로로 나올 수 있었다.

나무는 자식들에게 길을 일러주지 않는다. 그러나 나무의 열매는 낯선 곳에서도 살아남는다. 만약 어떤 새가 나무의 열매를 입에 물고 부모와 멀리 떨어진 곳에 가서 내려놓는다면, 열매들은 부모의 도움

없이 어떻게 살아남을 수 있을까. 나무들은 지구상에 태어난 후부터 지금까지 끊임없이 낯선 곳에 적응하면서 살아왔다. 그래서 나무의 열매는 전혀 다른 조건에서도 적응할 수 있는 힘을 가지고 있다. 물론 모든 열매가 적응에 성공하지는 못한다. 그러나 성공하지 못한다고 해서 실패라고 말할 수는 없다. 모든 삶은 성공의 과정이기 때문이다.

장점을 바라보는 올바른 자세

자신을 진정 사랑하는 사람은
다른 존재의 단점을 이야기하지 않는다.

———

● 나무와 더불어 살다 보니 본의 아니게 많은 사람과 만난다. 그러나 나는 평소에 많은 사람과 잘 어울리지 않는다. 이런저런 일로 다른 사람과 어울릴 시간도 부족하지만 만나서 할 이야기도 많지 않기 때문이다.

나무는 운명처럼 많은 사람을 만나게 하면서 사람의 성향을 알 수 있는 기회도 제공한다. 만나는 사람들 중 나무를 싫어하는 사람은 없지만 나무를 바라보는 시각은 아주 다양하다.

사람들의 나무에 대한 시각 중 가장 큰 특징은 나무를 온전히 바라보지 않는다는 것이다. 예컨대 사람들은 포도나뭇과의 담쟁이덩굴을 무척 좋아한다. 특히 담장을 덮은 담쟁이덩굴의 모습은 가슴이 떨릴 만큼 아름답다. 나는 담쟁이덩굴이 바람에 흔들리는 모습을 잊을 수

나 무 예 찬

가 없어서 바람 부는 날 자주 담쟁이덩굴을 보기 위해 연구실을 나선다. 1학기 수업시간에는 반드시 학생들을 담쟁이덩굴 앞에 세우고 흔들리는 담쟁이덩굴을 감상하도록 한다. 그런데 강연에서 만난 어떤 분은 내가 보여준 담쟁이덩굴의 아름다운 모습에 감탄하면서도 떨어진 잎이 싫다는 이야기를 담쟁이덩굴 앞에서 내뱉었다. 나는 그 이유를 물었지만 그분은 특별한 이유를 설명하지 않았다.

살면서 장점과 단점을 묻는 상황을 종종 만난다. 대부분 사람들도 장점과 단점이 있다는 데 동의한다. 대개 회사의 입사지원서에는 자신의 장점과 단점을 적으라는 항목까지 있다. 그러나 나는 모든 생명체에게는 장점만 있을 뿐 단점은 없다는 확신으로 살아간다. 나도 나무를 만나기 전까지 스스로 단점투성이라 생각했지만 나무를 만나면서 나에게는 장점만 있다는 사실을 깨달았다. 자신의 장점만 바라보고 사는 것과 단점을 생각하면서 사는 것과의 차이는 하늘과 땅 차이다. 내가 지금의 자리에 있는 이유 중 하나도 바로 스스로 장점을 가졌다는 생각의 전환 덕분이다.

사람들이 장점과 단점을 구분하는 이유는 무엇일까?

상대방과의 비교는 장점과 단점을 구분하는 중요한 원인이다. 특히 누가 묻지도 않았는데 스스로 장점과 단점을 구분하는 이유는 자신마저 이분법적으로 바라보기 때문이다. 과연 인간에게 장점은 무엇이며, 단점은 무엇인가? 인간을 호랑이와 비교하면 장점이 무엇이며, 단점은 무엇인가? 사람을 물고기와 비교하면 장점은 무엇이며, 단점은 무엇인가?

야구인 이만수가 미국 메이저리그 클리블랜드 인디언스 산하의 마이너리그팀 애크론애로스 타격 훈련 담당 코치 시절에 겪은 일화는 우리나라 교육의 실상을 잘 보여준다. 그는 미국에 건너가 그 누구보다도 열심히 선수들의 활동을 꼼꼼하게 기록하면서 지도했지만, 그가 지적한 것은 대부분 문제섬이었다. 그런데 어느 날 팀의 감독이 이만수 코치를 불러 "이 코치, 당신은 왜 선수들의 단점만 이야기하는가? 앞으로는 장점만 이야기하게나" 하고 말했다.

이만수 코치는 감독의 지적을 받은 뒤 크게 깨닫고 선수들의 활동을 점검하면서 주로 장점을 지적하기 시작했다. 그 결과는 단점을 이야기할 때보다 훨씬 좋았다.

나는 모든 생명체의 무단점을 주장한다. 머릿속에서 단점을 생각하지 않는 무단점의 주장은 장점을 훨씬 많이 발휘할 수 있게 한다.

나의 두 딸은 콩밥을 좋아하지 않는다. 그러나 자식의 영양을 생각하는 부모는 콩밥을 먹이려고 애쓴다. 나는 아내에게 굳이 콩밥을 먹이지 말라고 이야기한다. 콩밥을 먹기 싫다는 자식에게 억지로 먹이는 것 자체가 엄청난 스트레스를 준다. 나는 콩밥을 먹지 않고 스트레스를 받지 않는 쪽이 훨씬 낫다고 생각한다. 더욱이 콩밥 말고도 콩밥을 대신할 수 있는 영양가 높은 음식도 적지 않다. 나의 자식들처럼 콩밥을 싫어하는 사람은 아주 많다. 그렇다면 콩밥을 싫어한다는 것은 단점일까, 장점일까.

인간의 능력은 일을 능숙하게 처리하는 것과 그렇지 못한 것을 의미하지 않는다. 사람마다 일을 능숙하게 처리할 수 있는 대상은 다르다. 내가 야구를 잘하지 못한다고 해서 야구를 잘 못하는 단점을 가지는 것이 아니다. 내가 어떤 분야에 아무리 노력해도 잘하지 못하는 결과를 낳더라도 그것은 나의 단점이 아니다. 다만 나는 그 분야를 잘할 수 없을 뿐이다. 반대로 세계에서 가장 야구를 잘하는 선수도 나처럼 잘할 수 없는 대상이 있다. 그렇다면 그 야구선수에게 그것이 단점이 될 수 있을까. 그렇지 않다. 인간은 평생 생존에 필요한 능력을 발휘하면서 살아갈 뿐이다. 잘하고 못하는 것은 생존에 얼마나 필요한가의 여부에 불과할 뿐이지, 장점과 단점의 문제는 아닌 것이다.

담쟁이덩굴의 아름다운 잎을 볼 때는 감탄하면서 떨어진 잎을 싫어하는 이유는 무슨 심리일까. 자신을 진정 사랑하는 사람은 다른 존재의 단점을 이야기하지 않는다. 모든 인간은 태어나면서 단점을 바라보지 않는 능력을 갖고 있다. 예컨대 갓 태어난 아기를 한번 상상해보자. 부모의 경우 과연 갓 태어난 아기를 안고서 장점과 단점을 생각하는가? 아기가 방긋 웃으면 천하를 얻은 것만큼 즐겁지 않은가? 아기가 걸음마를 시작하면 신기해 하면서 손뼉을 치지 않는가? 그런데 왜 어른으로 자라면서 단점을 바라보는 데 익숙한가?

자신의 모습과 생각과 자세를 모두 장점이라 생각하면 엘가의 〈위풍당당행진곡〉처럼 위풍당당하게 살아갈 수 있다. 스스로 장점만 가졌다는 생각만으로도 이전과 전혀 다른 삶을 살아갈 수 있다.

생각은 구체적인 행동을 추진한다. 스스로 장점만을 가진 사람이라 생각하면 자신의 모든 것이 장점으로 바뀐다. 자신을 그런 존재로 바라보면 다른 사람들의 행동도 그렇게 바라볼 수 있다. 서로 상대방의 장점만을 바라보는 순간 이 세상이 아름다움 그 자체라는 것을 실감하면서 행복하게 살아갈 수 있다.

내가 나무를 관찰하는 이유

나무가 해마다 꽃을 피울 수 있는 능력은 잎을 통해 빛을 받아들이기 때문이다.
관찰은 곧 빛과 같다.

────

    ● 관찰(觀察)은 어떤 것을 '자세히 본다'는 뜻이며
인간의 창의성을 드러내는 데 가장 중요한 방법이다. 관찰은 스스로
직접 보는 행위를 의미한다. 관찰의 힘은 현상의 본질을 직접 확인하
는 데 있다.

  인간은 직접 보면서 사물의 구체성을 확인하고 사물을 구체적으로
보는 과정은 곧 사유의 지평을 넓혀준다. 하나의 사물을 관찰하면서
이루어지는 사유의 세계는 단선적으로 이루어지는 것이 아니라 전방
위로 진행된다. 이처럼 관찰은 사유의 변증을 통해 자신이 한 번도 사
용하지 않았던 능력을 이끌어낸다.

  내가 나무를 관찰의 대상으로 삼는 이유는 나무의 변화를 통해 한
인간이 가지고 있는 무한한 잠재력과 만날 수 있다고 믿기 때문이다.

인간의 잠재 능력은 눈에 보이지 않지만, 나무를 관찰하면 숨어 있던 능력의 종자를 발아시킬 수 있다. 땅속에 있던 600년 전의 연꽃 씨앗이 발굴을 통해 세상에 나오면서 꽃을 피우듯이, 인간의 잠재 능력도 관찰이라는 빛을 통해 세상에 드러날 수 있다. 나무가 해마다 꽃을 피울 수 있는 능력도 잎을 통해 빛을 받아들였기 때문이다. 관찰은 곧 빛과 같다. 그래서 다양한 나무를 만나면 한 인간의 잠재 능력도 그만큼 많이 드러난다.

인간은 죽을 때까지 자신이 어떤 능력을 가지고 있는지 정확하게 모른다. 나는 스페인의 첼리스트 파블로 카잘스(Pablo Casals, 1876~1973)가 죽을 때까지 매일 몇 시간씩 연습한 까닭이 연습할 때마다 실력이 좋아지기 때문이라는 이야기를 신뢰한다. 관찰은 인간이 지닌 무한한 잠재 능력을 죽을 때까지 발휘할 수 있도록 하는 가장 중요한 방법이다.

나는 나무를 관찰하기 전까지 잠재 능력을 제대로 발휘하지 못했다. 그러나 나무를 관찰한 후부터 스스로 놀랄 정도로 잠재 능력을 발휘하고 있다. 나는 지금도 끊임없이 나무를 관찰하고 있으며 관찰할 때마다 나의 잠재 능력이 드러난다는 사실을 확인한다.

관찰의 방법은 관찰하는 사람만큼이나 다양할 것이다. 따라서 특별한 관찰 방법을 제시하는 것은 큰 의미가 없다. 다만 내가 나무를 관찰한 방법을 제시하고자 한다.

　나는 한 그루의 나무를 일 년 동안 관찰한다. 그러기 위해서는 같은 나무와 수없이 만나야 한다.

　꽃이 먼저 피는 나무의 경우, 우선 꽃눈을 달고 있는 겨울부터 꽃이 피는 과정을 관찰한다. 다음은 핀 꽃잎이 몇 개인지부터 꽃 모양과 색깔까지 관찰한다. 그다음은 진 꽃의 꽃자루, 떨어진 꽃의 모양, 바람에 날아가는 모습 등을 관찰한다. 꽃이 떨어진 후에는 열매를 맺기 때문에 관찰은 계속된다. 나는 꽃을 관찰하면서 꽃 모양과 열매의 상관관계를 유심히 살핀다.

　잎이 먼저 피는 나무의 경우, 우선 가지에서 잎이 돋는 순간을 관찰한다. 잎이 돋는 모습을 관찰하면 나무가 어디에서 가장 먼저 잎을 만드는지 알 수 있다. 나무가 잎을 만드는 순서는 잎을 떨어뜨리는 순서와 밀접한 관계를 가지고 있다. 다음은 잎의 모양을 관찰한다. 잎의 모양은 잎맥, 톱니의 모양과 수 등을 함께 관찰한다.

잎을 관찰하면 꽃이 어디에서 어떤 모양으로 피는지를 알 수 있다. 나무는 해마다 잎을 갈기도 하고, 격년으로 잎을 갈기도 하고, 여러 해 걸려 잎을 갈기도 한다. 특히 갈잎나무의 경우 나무마다 잎을 떨어뜨리는 방식도 다양하나. 이른바 단풍은 나무가 잎을 떨어뜨리는 방식이다. 나는 과별로 단풍을 관찰하는데 단풍이 물드는 방법이 같거나 다르기 때문이다. 예컨대 콩과의 경우에는 대부분의 잎이 노란색 계통이다. 콩과 중에서 잎이 노란색으로 물드는 나무는 아까시나무, 박태기나무, 등나무, 회화나무, 싸리 계통, 칡 등이다. 이러한 나무들은 부모인 콩을 닮아서 잎도 노란색으로 물든다. 그러나 단풍의 전형인 단풍나무의 경우는 붉게 물들거나 노랗게 물들기도 한다. 단풍나무를 비롯해서 복자기 등은 잎이 붉게 물들지만 중국단풍의 경우 잎이 붉게도 들고 노랗게도 든다. 느릅나뭇과의 느티나무도 잎이 붉은색으로 들기도 하고 노란색으로 들기도 한다. 같은 과의 팽나무는 잎이 노랗게 물든다.

관찰은 어떤 대상이든 상관없지만 내가 나무를 관찰 대상으로 삼은 데는 몇 가지 이유가 있다. 첫 번째 이유는 나무는 큰 돈을 들이지 않고서도 지위고하, 빈부와 관계없이 누구나 일상에서 쉽게 관찰할 수 있다는 것이다. 관찰이 일상에서 가능해질 때 그 효과는 극대화되는 법이다. 또 다른 이유는 나무가 지니고 있는 존재 가치 때문이다. 나무는 지구상에서 인간보다 먼저 존재했을 뿐만 아니라 인간에게 반드시 필요한 존재이다. 인간은 나무 없이는 한순간도 존재할 수가 없다. 따라서 인간이 나무를 관찰한다는 것은 곧 스스로의 존재 가치를 찾아가는 과정이자, 사는 법을 찾는 과정이다.

나무에게 들이대기

누군가에게 들이댈 기회를 많이 주는 사람이 가장 위대한 스승이다.

————

● 나는 특강에서 농담 삼아 세상에서 가장 좋은 대학을 아느냐고 묻는다. 나는 외국에서 유학한 적은 없지만 세상에서 가장 좋은 대학을 나왔다고 말한다. 나의 질문에 사람들은 자신들이 알고 있는 대학을 얘기한다. 어떤 사람은 미국의 하버드대학교를, 어떤 사람은 영국의 케임브리지대학교를, 어떤 사람은 나의 비위를 맞추느라 계명대학교를 얘기한다. 나는 사람들의 얘기를 듣고 나직하게 '들이대'라고 말한다. 사람들은 금방 내 말의 뜻을 잘 이해하지 못해서 잠시 멍한 모습을 보이다가 잠시 후 난센스라는 것을 알고 웃는다.

나는 강연에서 난센스를 거의 사용하지 않지만 '들이대'만은 자주 얘기한다. 그 이유는 '들이대'야말로 단순히 난센스가 아니라 진정 세상에서 가장 좋은 대학이라 믿고 있기 때문이다. 삶을 가치 측면에서 판단한다면 사람들이 흔히 얘기하는 좋은 대학은 이 세상에 존재하지 않는다. 대학은 삶의 가치를 실현하는 교육기관일 뿐이다. 그러나 대부분의 사람들은 대학을 지위나 재산을 가져다주는 대상으로 생각한다. 실제로 지금의 대학은 많은 사람들이 생각하는 것처럼 지위나 부를 만드는 역할에 충실하고 있다.

나는 사람들이 현재의 대학 역할에 순종한다면 결국 자신의 능력을 발휘할 수 없을 것이라 확신한다. 그래서 나는 '들이대'를 강조하는 것이다. 들이댄다는 것은 도전한다는 뜻이다. 도전은 한 번도 해보지 않은 것에 관심을 갖고 실천하는 일이다.

도전과 관련해서 우선 생각할 것은 왜 사람은 도전해야 하는가이다. 많은 전문가들이 도전을 강조한다. 특히 젊은 사람들에게 도전을 강조한다. 도전은 낯선 것에 대한 경험을 의미한다. 문제는 왜 낯선 것에 관심을 가져야 하는지를 깨닫는 것이다. 들이대는 일은 어떤 대상에 기회를 갖는 것이다. 그러나 우리나라 교육의 가장 큰 문제는 학생들에게 자신의 잠재 능력을 확인할 수 있는 기회를 주지 않는 데 있다. 들이대지 않으면 그런 기회를 가질 수가 없다. 인간은 자신이 어떤 잠재 능력을 갖고 있는지 알 수 없다. 그래서 수없이 들이대지 않으면 결코 그것을 확인할 기회가 없는 것이다. 들이대가 세상에서 가장 좋은 대학인 이유가 바로 여기에 있다.

많이 들이댈수록 자신이 지닌 잠재 능력을 발휘할 기회도 비례한다. 그래서 누군가에게 들이밀 기회를 많이 주는 사람이 가장 위대한 스승이다. 그러나 우리나라는 위대한 스승이 많지 않다. 그런 기회를 주는 사람이 아주 드물기 때문이다.

나는 지금까지 끊임없이 들이댄다. 내가 인문학자로서 나무에 관심을 가진 것 자체가 들이대기의 시작이었다. 그러나 나의 들이대기에 주변의 시선은 아주 싸늘했다. 우리나라 사람 중에서 나와 같은 경험을 한 사람들이 아주 많을 것이다. 사실 주변의 차가운 시선을 견디지 못하고 들이대기를 포기한 사람들이 부지기수일지도 모른다. 만약에 내가 주변의 싸늘한 시선을 견디지 못했다면 지금의 나는 없을지도 모른다. 그만큼 우리나라는 낯선 일에 들이대는 것에 대해 아주 인색하다. 성리학의 체면문화가 만들어낸 후유증일지도 모르지만, 주변의 시선 때문에 들이대기를 그만둔다면 영원히 자신의 능력을 발휘할 기회를 스스로 만들 수 없을 것이다.

나는 낯선 일에 도전하려는 사람을 만나면 무조건 격려한다. 내가 무조건 그런 사람을 격려하는 것은 낯선 일을 하고자 하는 의지야말로 어떤 일을 성취하는 데 매우 중요하기 때문이다. 의지를 꺾으면 어떤 일도 할 수 없다. 나와 같은 고향을 둔 노용호 박사의 '생태춤'은 좋은 예다.

노 박사는 외국에서 석사학위를 받고 국내에서 경영학으로 박사학위를 받은 후 모 대학에 교수로 재직하고 있었다. 그러나 그는 학교를 그만두고 고향 창녕의 우포늪생태관에서 일을 하기 시작했다. 그가 우포늪생태관에서 근무한 이유는 그곳이 바로 자신의 고향인 데다

고향을 위해서 일을 하고 싶었기 때문이다. 그는 자나 깨나 어떻게 하면 우포에 살고 있는 식물을 쉽게 알릴까를 고민하다가 식물의 특징을 춤으로 표현하기 시작했다. 그는 내가 우포를 찾았을 때 자신이 개발한 '생태춤'을 소개했다. 노 박사의 생태춤은 보는 순간 웃음을 참지 못할 만큼 재미있다. 무엇보다도 나를 놀라게 한 것은 명색이 우포늪생태관의 관장의 자리에 있으면서 그런 춤을 추는 용기였다.

그는 현재 장자의 물아일체(物我一體)를 실현하고자 노력하고 있다. 나는 지금까지 나무를 공부하면서 노 박사와 같은 그런 용기를 갖지 못했다. 나는 노 박사의 생태춤에 대해 격하게 칭찬했다. 노 박사도 나의 격려에 힘을 얻어 계속 춤의 종류를 늘려가기 시작했다. 그러나 우포늪생태관에서 근무하는 사람들, 예컨대 우포늪에 대해 해설하는 분들은 노 박사의 생태춤에 대해 전혀 관심을 갖지 않았을 뿐 아니라 심지어 관장의 그러한 행동을 부끄러워했다. 내가 아는 대구의 숲 해설사들도 노 박사의 생태춤에 대해 싸늘하게 반응했다.

노 박사의 생태춤은 혁명적인 발상이다. 그의 생태춤은 그 어떤 설명보다도 짧은 시간에 강렬한 인상을 준다. 그래서 우포늪을 찾는 사람들은 노 박사의 생태춤을 보는 순간 웃음을 참지 못할 정도로 좋아한다. 노 박사의 생태춤은 고향 우포늪을 사랑하는 마음을 담고 있다. 그는 부끄러움을 무릅쓰고 온몸으로 춤을 통해 우포늪의 자연생태를 소개한다.

노 박사의 생태춤은 이제 우포의 명물로 자리 잡을 만큼 좋은 반응

을 얻고 있다. 나는 노 박사의 생태춤을 처음 보는 순간 우포늪을 찾는 사람들이 매우 좋아할 것이라는 것을 알았다. 게다가 주변 사람들의 반응이 싸늘하리라는 것도 잘 알고 있었다. 나 역시 나무를 처음 공부할 때 주변 사람들의 시선이 싸늘했었고 시간이 지나면서 그런 시선이 얼마나 잘못된 것인지를 경험으로 알고 있기 때문이다. 지금도 나는 노 박사를 만나면 생태춤을 한층 정교하게 만드는 방법을 의논한다. 국내는 물론 외국에서도 유례를 찾아볼 수 없는 노 박사의 생태춤은 들이대는 일이 얼마나 중요한지를 증명하는 사례다.

나는 얼마 전 노 박사를 만나 우포늪과 관련한 책 출판에 대해서도 의논했다. 나는 어린 시절 우포늪에서 나는 마름 열매를 먹었다. 마

름은 마름과의 한해살이풀이다. 내가 마름 열매를 먹을 수 있었던 것
은 우포늪에 고모 댁이 있었기 때문이다. 가을에 고종형님은 나의 고
향에 들를 때 마름 열매를 가져왔다. 마름 열매는 삶으면 밤처럼 하얀
분말이 나온다. 그래서 고향에서는 마름 열매를 '말밤'이라 불렀다.

나는 간혹 명절에 고모 댁에 인사하러 가면 바로 앞 우포늪에서 놀
았다. 우포늪은 주변 농가의 중요한 삶의 터전이었지만 여름철에 비
가 많이 오면 심각한 수준의 피해를 입혔다. 심할 경우에는 벼농사를
완전히 망쳐 양식조차 부족할 때도 있었다. 그럴 때 부모님은 홍수로
사정이 어려워진 고모 댁에 양식을 보냈다. 그 덕분에 고종형님은 간
혹 우포늪에서 잡은 가물치를 우리 집에 가지고 왔다.

이처럼 우포늪은 나에게도 많은 추억이 담긴 곳이다. 노 박사는 우
포늪에서 살았으니 우포늪에 대해 나보다 훨씬 많은 추억을 갖고 있
다. 그래서 관련 책을 출판하는 일은 매우 소중한 일이다. 내가 노 박
사의 책에 적극적으로 관여하는 것은 우포늪을 통해 역사를 기록해
야 한다는 의무감 때문이다.

우포늪과 관련한 책이 어떤 내용으로 나올지는 알 수 없다. 지금은
그저 들이대는 과정이기 때문이다. 람사르협약에 가입되어 있는 우리
나라 최고의 우포늪에 대한 기록은 그 자체로 중요한 가치가 있다. 우
포늪에 대한 기록은 노 박사처럼 그곳에 살면서 끊임없이 관찰하는
사람만이 할 수 있는 일이다. 그러나 무모할 정도로 들이대지 않고서
는 결코 성과를 낼 수 없다.

나는 지금까지 들이대지 않아서 후회하고 있는 일이 한 가지 있다. 1980년대 대학 시절 생활비가 부족해서 용돈을 벌기 위해 DJ를 하고 싶었다. 학교 앞 음악다방에서 손님들이 신청한 음악을 틀어주는 DJ 말이다. 나는 1학년 때부터 교내 서양 고전음악 동아리에서 활동하고 있었다. 그 덕분에 서양 고전음악에 대해서는 어느 정도 이해하고 있었던 터라 DJ도 가능하다고 생각했다. 그러나 당시 남 앞에 나서는 데 익숙하지 않았던 나는 여러 차례 다방 앞만 맴돌다가 주인에게 얘기조차 꺼내지 못했다.

나는 대학 시절에 생활비를 쪼개고 또 쪼개서 서양 고전음악 LP판을 구입했다. 자취 생활을 하면서도 먹고 입는 것을 아껴서 LP판과 전축을 샀는데 지금 전축은 사라지고 LP판만 소장하고 있다. 졸업한 지 30년이 지났지만 지금도 DJ를 경험하지 못한 것에 아쉬움이 남아 있는 것은 그만큼 '들이대기'에 대한 열망이 소중하다는 것을 잊지 않고 있기 때문이다. 만약 당시 DJ를 경험했다면 깨달음의 시간도 한층 앞당길 수 있었을 것이다. 그러나 한 가지 분명한 것은 누구나 지난 세월을 생각하면 아쉬운 부분이 있지만, 아쉬움을 남기지 않기 위해서는 그런 아쉬움이 어떤 연유로 남아 있는지를 스스로 정확하게 파악하고 실천해야 한다는 사실이다. 나의 장점 중 하나는 후회하지 않기 위해서 두 번 다시 아쉬움을 남기지 않는다는 점이다.

나는 중학교 시절 스스로 어머니께 존댓말을 사용했다. 당시 형들조차도 어머니께 존댓말을 하지 않았는데 내가 스스로 그렇게 한 것은 외할머니 앞에서 어머니께 존댓말을 하지 않는 내가 무척 부끄러웠기 때문이었다. 그러나 어머니께 갑자기 존댓말을 하기란 쉽지 않았다. 그래서 나는 방학 때 서울에 계신 큰형님에게 갔다가 고향으로 돌아와서 어머니께 존댓말을 하기로 작정했다. 방학 동안 어머니와 떨어져 있으면 존댓말하기가 쉽다고 생각했기 때문이다. 나는 방학이 끝나고 돌아온 후 어머니께 존댓말을 하는 데 성공했다. 나는 어릴 적부터 누가 시키지 않아도 곧잘 스스로 생각한 것을 실천하는 성향을 갖고 있었다. 이렇게 조그마한 장점이라도 스스로 정확하게 파악하는 것은 능력을 발휘하는 데 매우 귀중한 자산이다.

난생처음 나무를 만난 학생들

나무는 어떤 경우에도 과정을 생략하지 않는다.
나무는 꽃이 피지 않고 열매를 맺는 경우가 없기 때문이다.

———

● 나는 2016년 1학기 '전통생태문화' 강좌를 듣는
학생들에게 과제 중 하나로 '나무관찰일지'를 작성하도록 했다. 학생
들은 각자 성서캠퍼스에 살고 있는 나무 중 한 그루를 정한 후 매주
한 차례 이상 학기 말까지 변화를 관찰했다. 학생들은 관찰한 내용을
노트에 기록한 후 제출했다.

관찰일지를 검토해 보니 학생들이 선택한 나무는 모두 24종류(왕벚
나무, 무궁화, 산수유, 매실나무, 단풍나무, 배롱나무, 카이즈카향나무, 중국단
풍, 사철나무, 은행나무, 모과나무, 소나무, 느티나무, 앵두나무, 감나무, 수수
꽃다리, 목백합, 이팝나무, 은목서, 조팝나무, 화살나무, 목련, 아기동백, 들보
리수)였고, 장미과의 매실나무를 선택한 학생이 6명으로 가장 많았다.
그다음은 장미과의 왕벚나무, 부처꽃과의 배롱나무, 은행나뭇과의 은

행나무를 선택한 학생이 각각 4명이었으며, 측백나뭇과의 카이즈카향나무, 느릅나뭇과의 느티나무, 물푸레나뭇과의 이팝나무를 선택한 학생이 각각 3명이었다. 단풍나뭇과의 단풍나무를 비롯해 나머지 나무를 선택한 학생들은 각각 1명이었다.

학생들이 선택한 24종의 나무는 학교 뒷산인 궁산을 제외하고 성서캠퍼스에 살고 있는 120여 종의 나무 중 5분의 1에 해당한다. 나는 학생들에게 자유롭게 나무를 선택하도록 했다. 학생들이 어떤 이유로 나무를 선택하는지 궁금했기 때문이다. 학생들이 자신의 나무를 선택한 이유는 대체로 두 가지였다. 하나는 평소 자신이 좋아한 나무를 선택한 경우였고, 다른 하나는 자신이 학교 생활에서 관찰하기 수월해서 선택한 경우였다.

학생들이 나무를 선택한 이유를 분석해 보면 학생들의 마음을 짐작할 수 있다. 학생들이 가장 많이 선택한 나무가 매실나무라는 것은 그들의 경험 세계에 매실나무가 깊숙이 자리 잡고 있다는 것을 보여 준다. 매실나무는 학생들의 세대에서 아주 쉽게 만날 수 있는 나무다. 학생들은 평소 자신이 살고 있는 집 주변이나 할아버지와 할머니의 집, 혹은 외갓집 등지에서 매실나무를 만났을 가능성이 아주 높다.

학생들이 선택한 대부분의 나무들은 성서캠퍼스에서 학생들이 많이 다니는 곳에서 만날 수 있다. 그런데 학생들이 성서캠퍼스에서 다니는 코스는 아주 단순하다. 게다가 학생들이 많이 다니는 곳에는 나무에 이름표가 달려 있다. 따라서 학생들은 자신이 자주 다니는 공간에서 이름표가 달려 있는 나무를 선택한 것이다.

학생들의 나무관찰일지를 검토하면 몇 가지 특징을 발견할 수 있다. 그중 하나는 절대다수의 학생들이 나무 관찰을 난생처음 경험했다는 사실을 고백한 것이다. 나는 학생들의 이러한 '고백'을 매우 중요하게 생각한다. 고백은 한 존재의 내면을 성숙시키는 중요한 계기를 제공하기 때문이다. 행복한 삶은 자신이 하고 있는 일이 언제나 낯설어야만 한다. 그래야만 진정으로 자신을 사랑할 수 있기 때문이다. 만약 자신이 하고 있는 일이 항상 익숙하다면 금방 흥미를 잃어버릴 것이다. 그래서 나무관찰일지가 학생들을 낯설게 했다는 것은 그 자체로 매우 유익한 학습 과정이다.

다른 하나는 학생들의 관찰 방법이 아주 다양하다는 점이다. 학생들은 각자의 생각대로 나무관찰일지를 제출했고, 나는 학생들이 제출한 나무관찰일지를 아주 꼼꼼하게 살폈다. 내가 가장 먼저 살피는 것은 노트의 크기와 색깔, 그리고 노트에 적힌 글씨다. 노트의 모양과 글씨만 봐도 학생들의 특성을 어느 정도 가늠할 수 있다.

그다음은 관찰 내용을 살핀다. 어떤 학생은 정확하게 일주일마다 관찰하고, 어떤 학생은 일주일에 두 번 관찰한다. 어떤 학생은 관찰 때마다 사진을 첨부하고, 어떤 학생은 사진을 붙이지 않는다. 어떤 학생들은 손 글씨로 작성하고, 어떤 학생은 컴퓨터로 작성한다. 나는 학생들의 다양한 모습에 감동한다. 내가 기대했던 것도 내용과 관계없이 학생들의 다양한 모습이었기 때문이다.

나무관찰일지에서 확인할 수 있는 가장 중요한 것은 학생들 스스로 나무의 변화를 확인했다는 사실이다. 변화는 기대를 낳는다. 학생들은 나무의 변화를 통해 나무가 어떻게 변하는지에 대해 기대를 가졌다. 변화를 통한 기대는 곧 희망을 낳는다. 따라서 학생들은 나무 관찰을 통해 희망이 어떻게 생기는지를 체험했다. 많은 사람들이 희망을 말하지만 희망이 어떻게 현실로 나타나는지에 대해서는 구체적으로 이야기하지 않는다. 대부분 희망을 추상적으로 이야기한다. 그러나 나무를 관찰하면 한 존재가 어떻게 스스로 희망을 만들어가는지를 확인할 수 있다.

　학생들이 변화를 통해 희망을 본 것은 희망이 '과정'을 통해 생긴다는 것을 확인했다는 뜻이다. 나무를 관찰하면 결과가 반드시 과정을 통해서 생긴다는 것을 체득할 수 있다. 나는 과정과 결과의 연속성을 '소통'이라 부른다. 그러나 우리는 소통이 부족한 사회에 살고 있다. 그 이유는 과정을 생략한 결과를 중시하기 때문이다. 과정보다 결과를 중시하는 사회는 점차 건강성을 잃어버린다. 개인의 삶도 스스로 과정을 중시하지 않고 결과만 기대하면 결코 행복할 수 없다.

　나무는 어떤 경우에도 과정을 생략하지 않는다. 나무는 꽃이 피지 않고 열매를 맺는 경우가 없기 때문이다. 그러나 대부분의 사람들은 나무의 꽃이나 열매만 기억할 뿐 전 과정에 대해서는 관심을 두지 않는다. 이는 인간이 나무의 삶에 관심을 갖지 않는다는 뜻이고, 나무의 삶에 관심을 갖지 않는다는 것은 곧 자신의 삶 전체에 대해서도 관찰하지 않는다는 뜻이다.

학생들은 나무 관찰을 통해 '사랑'과 '감동'을 체험했으며 나무의 조그마한 변화에도 마음을 움직였다. 그동안 대부분의 학생들은 나뭇잎이 추위에 떠는지, 나뭇잎이 시드는지에 대해서는 전혀 관심을 갖지 않았다. 그러나 관찰일지에서 학생들은 갑자기 바람이 세차게 불면 나뭇잎이 추위에 떨거나 시들까 노심초사했다.

나는 나무의 변화 과정에서 발생한 학생들의 감정을 중국 전국시대 맹자가 언급한 '측은지심(惻隱之心)'이라 생각한다. 측은지심은 곧 공자의 핵심 사상인 '인'의 단서다. 따라서 나무 관찰은 학생들 스스로 본성을 드러낼 수 있는 단서를 찾아가는 과정이다. 학생들이 인의 단서를 찾으면 스스로 감동의 순간을 만들 수 있다. 예컨대 물푸레나뭇과의 수수꽃다리를 관찰한 학생은 나무에서 꽃이 피는 과정을 관찰하면서 감동의 순간을 경험한 내용을 적었다.

나 역시 학생들이 감동한 순간을 묘사한 글을 보고 무척 감동했다. 학생이 꽃이 만개한 순간을 보면서 감동할 수 있었던 것은 생명의 가치 혹은 생명의 신비를 직접 목격했기 때문이다. 그동안 학생들은 핀 꽃만 보았을 뿐 꽃이 피는 과정을 몰랐다. 그러나 꽃이 피는 과정을 넘어 열매를 맺는 과정까지 관찰하면 감동은 한 인간이 감당할 수 없을 만큼 깊고도 넓다. 나무관찰일지는 학생마다 조금씩 다르지만 다음과 같은 방식으로 진행되었다.

이팝나무 관찰기

- **소속** 사회복지학과 최○○
- **장소** 봉경관 뒤
- **관찰 요일** 매주 목요일
- **관찰 시기** 3월 둘째 주~6월 둘째 주(전체 14주)

예로부터 농민들은 이팝나무의 꽃을 보고 그해의 농사가 풍년인지 흉년인지 점쳤다고 한다. 이팝나무는 벼농사의 충실한 길잡이인 것이다. 사회복지사가 꿈인 나도 미래에 내 도움이 필요한 방황하는 사람들의 길잡이가 되어 도움을 주고 싶다는 생각에 이팝나무를 내 나무로 선택했다.

- 첫째 주 / 2016년 3월 10일 / 맑음

아직은 봄이 된 지 얼마 지나지 않아서 일교차가 크고 쌀쌀하다. 조금 더 날씨가 따뜻해지기 전까지 큰 변화는 없을 것 같다. 앞으로 있을 변화와 이팝나무와 함께 보낼 나날이 기대된다.

- 둘째 주 / 2016년 3월 17일 / 맑음

예상했던 대로 별다른 변화는 없다. 빨리 더 따뜻한 봄 날씨가 되어 변하는 모습을 관찰해 보고 싶다.

• 셋째 주 / 2016년 3월 24일 / 맑음

겉보기에 큰 변화는 없어 보인다. 혹시나 내가 발견하지 못한 것이 있을까봐 자세히 살펴봐도 내 눈에는 지난주와 차이가 없어 보인다.

• 다섯째 주 / 2016년 4월 7일 / 비 온 뒤 갬

이팝나무에 변화가 일어났다. 잎이 돋아나려고 한다. 오늘 이렇게 봄비도 내렸으니 잎이 더욱 잘 사라닐 깃 같다. 디음 주가 기대된다.

• 여섯째 주 / 2016년 4월 14일 / 맑음

잎이 많이 자랐다. 봄비와 따뜻한 봄 햇살 덕에 잎이 계속해서 잘 자라날 수 있을 것 같다.

• 일곱째 주 / 2016년 4월 21일 / 비 온 뒤 갬

지난주에 비해 더 많은 잎들이 가지 위에 자리 잡아가고 있다. 잘 자라는 모습을 보니 흐뭇하다.

• 여덟째 주 / 2016년 4월 28일

꽃이 폈다! 하지만 정문 쪽에 있는 이팝나무들의 꽃이 완전히 만개한 상태인 것과 비교하면 만개했다고는 할 수 없다. 봉경관 뒤에 있어서 햇빛을 정문의 이팝나무들보다 덜 받아서 그런 것일까?

• 아홉째 주 / 2016년 5월 4일 / 맑음

어제 비가 와서 꽃들이 조금 떨어져 있었나. 그 녁분에 꽃을 자세히 관찰할 수 있었다. 가까이에서 보니 정말 밥알 같은 모양이었다. 그리고 내 나무의 꽃이 더 많이 떨어져 왼쪽의 이팝나무와 조금 달라 보이는 그 모습도 꽤나 멋스럽다.

• 열째 주 / 2016년 5월 12일 / 맑음

어제 모든 꽃이 다 떨어지고 이파리들만 남았다. 초록색이 가득한 나무를 보니 여름이 성큼 다가온 기분이다. 꽃잎이 떨어진 꽃자루가 눈에 띈다.

• 열한 번째 주 / 2016년 5월 19일 / 맑음

지난주와 큰 변화는 없다. 꽃이 피고 다 졌으니 날씨가 추워질 때까지 지금과 같은 상태가 계속될 것 같다.

• 열두 번째 주 / 2016년 5월 26일 / 맑음

여전히 이팝나무에는 초록색의 싱그러움이 가득하다. 맑은 하늘과 이팝나무의 조화가 참 아름답다.

• 열세 번째 주 / 2016년 6월 2일 / 맑음

이제 날씨가 굉장히 더워졌다. 이팝나무를 처음 만났을 때는 추운 봄 날씨였는데 지금은 여름이다. 함께 지낸 시간이 꽤 되는 것 같아 신기했다.

• 열네 번째 주 / 2016년 6월 7일 / 맑음

마지막 관찰 날이다. 큰 변화는 눈에 띄지 않는다. 잎이 조금 더 풍성한 듯한 느낌이 들기도 한다.

느낀 점

이팝나무를 내 나무로 선택하고 관찰한 지 벌써 14주가 흘렀다. 거의 이번 1학기를 함께 보낸 셈이다. 처음에는 나무를 관찰하고 변화가 있을 때는 사진 찍고, 또 그것들을 기록하는 게 어색하게만 느껴졌다. 그러나 시간이 지나면서 이팝나무를 만나는 것은 자연스레 내 일상의 한 부분이 되었다.

솔직히 아직은 수업시간에 배운 과거의 많은 분들처럼 나무와 이야기하고, 항상 곁에 두고, 심지어 술까지 마시는 등의 행위는 나에게 이르다는 생각이 든다. 하지만 나는 계속해서 이팝나무를 찾아가 주의 깊게 살펴보았고, 또 그로 인해 배운 점이 있다.

날씨가 춥거나 덥거나, 비와 와서 힘들게 피워낸 꽃들이 떨어져도 이팝나무는 항상 똑같은 모습으로 자리를 지키고 있었다. 그런 모습들을 보며 나는 내 모습을 반성하기도 했고 감동도 받았다. 14주 동안 많은 생각을 할 수 있었다.

아쉬운 점은 내가 조금 더 빨리 이 수업을 들었더라면 이번 학기가 끝나도 계속 내 나무를 보고 더욱 가까워질 수 있었을 텐데, 4학년이 되어서야 듣게 됐다는 것이다. 이 점이 아쉽다. 그래도 이번에 이런 수업을 통해 내 나무가 생기고 인연을 맺을 수 있었다는 것이 기쁘다.

아직 이 노트의 뒷장들이 많이 남아 있다. 남은 시간 동안 남은 장들을 과제가 아닌 내 의지로 이팝나무와 함께 채워나가고 싶다. 이런 뜻깊은 기회를 주신 교수님께 감사의 말씀을 전하고 싶다. 14주 동안의 시간들, 그리고 앞으로 남은 시간들, 나는 이팝나무와 함께여서 행복했고, 또 행복할 것이다.

벽오동나무 관찰기

> - **소속** 사학과 배OO
> - **관찰나무** 벽오동나무
> - **장소** 영암관 동편 계단 아래 오거리
> - **관찰 요일** 수시
> - **관찰 시기** 2016년 9월~2016년 12월

• 2016년 9월 13일(화) / 오후 4시 49분

내가 처음으로 관찰할 나무는 벽오동나무다. 벽오동나무는 줄기에 푸른빛이 도는 것이 특징이다. 내가 관찰한 벽오동나무는 영암관에서 나와 신바우어관으로 가는 길목에 있다. 내가 항상 사회관 수업이 있을 때 보던 나무라 친근했는데 옆의 느티나무와 비교되는 푸른 기둥이 신비로웠다. 푸른 잎들이 가득한 초가을, 늦여름이지만 갈색 열매가 눈에 띈다. 굵게 뻗은 줄기와 매끈한 표면이 특징이며 줄기에 붙어 있는 이끼 또한 관찰할 만하다. 넓은 잎은 내가 아는 호박잎의 모습과 비슷했다. 앞으로 변화되는 모습이 기대되었다.

• 2016년 9월 19일(월) / 오후 1시 12분

사진으로 보아도 벽오동나무의 푸른 기가 가득하다. 굵지만 매끈한 줄기와 푸른 이끼는 오후의 햇살을 받으며 푸른 기를 내뿜는다. 아직은 주위의 나무들도 푸르러서 잎들이 구분되지는 않지만 줄기의 푸른

빛으로 벽오동나무를 발견할 수 있다. 끝에 달려 있는 갈색빛의 열매는 멀리서도 벽오동나무를 알 수 있는 표시다.

• 2016년 9월 21(수) / 오후 2시 48분

아직까지 푸르른 벽오동나무는 햇빛을 가려주는 그늘 역할을 톡톡히 해내고 있다. 큰 잎은 따가운 햇빛을 잘 가려준다. 잎도 잘 붙어 있고 강한 햇빛 덕분인지 매끈한 줄기가 반짝거린다. 푸르고 흰 게 햇빛을 받으니 참 예쁘다.

• 2016년 9월 29일(목) / 오전 9시 9분

아직 초록 잎을 띠고 있는 벽오동나무다. 벽오동나무의 변화가 잘 보이지 않아 아침과 저녁의 차이를 살펴보려 했지만 어두운 아침과 밝은 낮의 비교가 카메라 조명의 비교가 된 것이 아쉽다. 아침에 보니 아직 푸른 기가 돌며 여전히 새 하얀 기둥을 가지고 있다.

• 2016년 9월 29일(목) / 12시 3분

앞의 날에 찍은 것과 열매의 색상이 다르다. 주위를 둘러보니 아직까지는 벽오동나무만 잎에서 갈색빛이 보인다. 반대로 갈색빛이어야 할 줄기는 하얀색이다. 사회관으로 가도, 바우어관으로 가도 눈에 띄는 벽오동나무다. 멀리서 벽오동나무를 보니 존재감이 대단하다. 누가 봐도 기억에 남을 모습이다.

- 2016년 10월 4일(화)

벽오동나무의 특징은 탄탄하고 일직선인 줄기의 모습이다. 주변의 나무와 언뜻 비교해 봐도 하얗고 푸른빛을 내고 있다. 주위의 기하학적인 이끼의 모습은 매번 다른 모양을 보이는 것 같아 관찰하기 시작했다. 하얗고 매끈한 편인 표면, 만져보면 거칠지 않다. 나뭇결도 많이 보이지 않으며, 초록 이끼가 눈에 띈다. 열매는 더 달리지도, 많아지지도, 떨어지지도 않았다.

- 2016년 10월 5일(화)

푸르던 잎들이 축 처졌다. 오랜만에 가을비가 내리던 하루였다. 며칠간 같은 모습을 보이던 벽오동나무가 비에 젖었다. 큰 잎들은 끝에 방울방울 달린 빗방울을 따라 바닥으로 처졌고, 흰색이던 나무줄기 또한 초록과 갈색빛이 섞인 색을 띤다. 주목할 부분은 이끼의 모습이었다. 사진을 찍지 못해 아쉽지만 벽에 있는 이끼의 모습이 변했다. 부분적인 면적을 차지하던 연두색 이끼들이 크게 번져 있었으며, 색도 진한 초록으로 변했다. 습도의 차이일 것이라 생각했다.

- 2016년 10월 10일(월)

비가 왔지만 날이 개니 다시 원래의 모습으로 돌아온 벽오동나무의 모습이었다. 다른 나무들은 노란 잎들이 보이지만 벽오동나무는 초록으로 변한 모습뿐이다.

• 2016년 10월 13일(수)

흰 바탕에 파란 기가 살짝 돌며 이끼의 모습이 보인다. 열매는 또렷이 갈색이다. 일주일 전과 달라진 것이 없다.

• 2016년 10월 17일(월)

서서히 잎이 노래졌다. 잎은 많이 떨어지지 않았지만 색은 많이 바랬다.

• 2016년 10월 27일(목)

흐린 날씨, 주위의 나무 색이 변했다. 어둡고 차가운 늦가을의 날씨가 찾아왔다. 많은 나무들이 옷의 색깔을 바꿔 입고 있다. 은행나무들도 노랗게 변하고, 단풍나무도 붉은 모습을 보이고 있다. 하지만 벽오동나무는 갈색 열매가 조금 더 생긴 것뿐, 많은 변화가 나타나지 않아 단풍이 들지 않을까라는 생각도 하기 시작했고, 다른 나무들과 비교하며 초조해졌다.

• 2016년 11월 2일(수)

갈색의 열매 또한 황토색이며 많이 말랐다. 얼마 뒤 서서히 연두색으로 변해 가는 벽오동나무를 발견했다. 벽오동나무는 초록에서 연두색, 연두색에서 노란색, 노란색에서 갈색으로 변화되고 있음을 보여주고 있었다. 하지만 줄기의 색은 변하지 않고 이끼의 변화 또한 없었다.

• 2016년 11월 8일(화) / 오후 4시 45분

벽오동나무에 단풍이 들기 시작했다. 사진보다는 덜 노랗지만 벽오동나무도 옅어지고 잎 또한 떨어졌다. 바닥에는 가을바람에 떨어진 잎들이 가득했지만 벽오동나무의 잎은 별로 떨어진 모습이 없어 대견한 모습을 보이기도 했다.

• 2016년 11월 14일(월) / 오전 10시 20분

잎이 마르면서 떨어지고 오그라들어 예전처럼 풍성한 느낌이 들지 않는다. 뒤쪽의 은행나무는 노랗지만 벽오동나무의 잎은 황토색에 가깝다. 이제 초록색이 거의 보이지 않는 단풍잎이다. 바닥에 떨어진 벽오동잎, 바스락거리며 부스러질 듯 바짝 말라 있는 모습이다. 잎이 크고 잎맥이 선명하다.

• 2016년 11월 16일(수)

바닥에는 떨어진 잎들이 많지만 나무 줄기의 굵기나 색의 변화는 많이 보이지 않는다.

• 2016년 11월 21일(월) / 오전 11시 43분

가을 빛을 가릴 잎이 없어 보인다. 구멍이 뚫려 있는 것처럼 잎의 모습이 많이 줄어들었다. 주위의 나무에 단풍이 들면서 벽오동나무 또한 붉고 어두워졌다. 열매는 떨어지지 않아 보였으며, 떨어진 대부

분은 잎들이었다. 사회관으로 가는 길에 벽오동 나뭇잎이 떨어져 있었다.

• 2016년 11월 28일(월) / 오후 2시 51분

일주일 만에 잎들이 모두 떨어졌다. 열매만 남은 가지가 횅하다. 푸른 가지의 모습이 나타나니 차가운 느낌이 더하다. 바람이 많이 불었던 일주일, 겨울이 시작되었다. 비람이 불 때마다 잎들은 바람을 따라 멀리멀리 가버렸다. 떨어진 잎들을 정리해도 금방 다시 잎들이 섞여 떨어졌다. 푸른 잎들이 가득했던 9월과 비교해 보니 계절의 변화가 느껴졌다.

• 2016년 11월 29일(화) / 12시 35분

《마지막 잎새》의 겨울이 지금과 같았을까. 나무 끝에 달린 잎들이 아슬아슬하다. 나무 밑에 앉아 있었는데 회오리바람이 불었으며, 바람은 벽오동나무를 타고 올라가 많은 잎들을 뜯어내서 내려왔다. 마음이 아팠지만 결국은 다 떨어질 생각을 하니 내년의 나무를 기대하게 했다. 떨어진 잎들을 들어보았다. 끝에 달려 있는 열매를 보니 벽오동나무의 열매를 자세히 관찰할 수 있었다.

• 2016년 12월 1일(목) / 12시

벽오동의 가지가 앙상하다. 가지 끝에 잎 몇 개가 남아 있다.

• 2016년 12월 1일(목) / 오후 5시

신기하게도 벽오동나무의 푸른 기 있는 줄기의 모습은 9월과 12월의 모습이 별반 다르지 않는다. 날이 저물면서 가지가 보이는 나무는 쓸쓸해 보인다. 햇볕이 사라졌지만 줄기에는 푸른빛이 남아 있다.

• 2016년 12월 5일(월) / 오전 10시 13분

9월부터 시작한 벽오동나무의 관찰이 끝났다.

느낀 점

내가 벽오동나무를 관찰한 이유는 푸른빛의 줄기가 시간이 지나면서 어떻게 변할까 궁금했기 때문이다. 푸르고 풍성했던 잎들은 시간이 지나면 노랗고 붉게 변하고 떨어져 앙상한 가지가 보이는 것이 자연의 이치이다. 내가 눈여겨보던 벽오동나무의 푸른빛이 겨울이 되어도 봄이 되어도 그대로일지 내 눈으로 확인해 보고 싶었다.

내가 느낀 것은 세상은 변하는 것이 있고, 변하지 않는 것도 존재한다는 것이다. 자연과 생태를 통해서 이치를 깨닫는 것을 관찰일기를 통해 피부 깊숙이 받아들일 수 있었다. 아마 어딜 가서든 벽오동나무의 모습은 잘 찾아볼 수 있지 않을까. 또 겨울이 되어도 벽오동나무의 희고 푸른 줄기는 변하지 않는다는 것을 말할 수 있을 것이다.

Part 2

성 · 장 · 하 · 다

담쟁이의 융합 정신

진정한 융합은 담쟁이의 삶처럼 스스로 새로운 것을 만드는 것이다.

———

● 융합은 서로 다른 것과 만나서 새로운 것을 창조하는 것을 의미한다. 모든 생명체는 애초부터 융합의 삶이다. 융합의 삶이 아니면 생존할 수 없기 때문이다. 그러나 요즘 많은 분야에서 마치 융합이 새로운 현상인 것처럼 호들갑을 떤다. 융합은 전혀 새로운 연구 방법론이 아니라 일상에서 쉽게 확인할 수 있다. 나는 융합의 실상을 나무에서 확인한다. 그중에서도 담쟁이덩굴(이하 담쟁이)에서 융합의 참모습을 본다.

내가 근무하고 있는 건물은 거의 대부분 담쟁이로 덮여 있다. 이른 봄 담쟁이의 몸은 검은색이다. 검은색의 몸에는 지난해 익어 말라버린 검은색의 열매도 간혹 붙어 있다. 담쟁이의 이러한 모습은 마치 죽은 나무처럼 보인다. 갈잎 덩굴성 담쟁이는 영어권에서 '보스턴 아이

나 무 예 찬

비(Boston Ivy)', '제퍼니즈 아이비(Japanese Ivy)'로 부른다.

담쟁이를 모르는 사람은 없지만, 이 나무의 특성을 자세히 본 사람은 아주 드물다. 그 이유는 관찰하지 않기 때문이다. 관찰은 자신의 특성을 정확하게 알아내는 중요한 과정이다. 자신의 특성을 정확하게 알아야만 상대방의 특성도 알 수 있다. 담쟁이의 특성을 안다는 것은 곧 관찰자의 특성을 안다는 뜻이다.

평생 동안 담쟁이의 특성을 모르는 사람도 있지만, 단번에 담쟁이의 특성을 알아차리는 사람도 있다. 이처럼 융합은 한 존재의 본질을 정확하게 아는 데서 출발한다. 특히 일상에서 만나는 한 그루의 나무만 정확하게 알아도 무한한 잠재력을 발휘할 수 있다.

요즘 융합을 강조하는 사례를 보면 관련 이론들과 유명 인사의 이야기를 소개하고 있다. 그러나 관찰은 거창한 이론이나 유명 인사의 주장보다 우선한다. 거창한 이론이나 유명 인사의 이야기도 관찰에서 나오기 때문이다. 나는 지금까지 나무 관련 책을 쓰면서 한 번도 다른 사람의 이론이나 책을 참고하지 않았다. 오로지 나무에 대한 관찰의 결과를 글로 썼을 뿐이다.

담쟁이는 담을 타고 오르는 '쟁이' 곧 '전문가'다. 봄철은 담쟁이의 삶을 관찰하기에 아주 좋다. 담쟁이의 전신을 자세히 볼 수 있기 때문이다.

바람이 봄의 끝을 스쳐 지나가면 담쟁이의 놀라운 변화가 시작된다. 담쟁이는 때를 기다리다가 봄바람의 끝 즈음인 6월경에 물관세포를 통해 줄기와 가지마다 물을 전달한다. 담쟁이는 스파이더맨처럼 새로운 줄기를 만들어 벽에 찰싹 달라붙는다. 그런 다음 연두색의 잎과 황록색의 꽃을 만든다. 담쟁이의 꽃잎은 다섯 장이며 꽃잎이 아주 작아서 세는 것조차 쉽지 않다. 더욱이 꽃이 잎 속에 숨어 있으니 담쟁이의 꽃을 본 사람은 많지 않다. 그러나 담쟁이의 잎을 살포시 열면 잎 사이에 다소곳한 자세로 세상의 소리를 듣고 있는 꽃을 볼 수 있다.

꽃이 핀 지 한참 시간이 지나거나 바람이 불면 담 아래에 꽃이 떨어진다. 담쟁이의 삶에 관심이 없는 사람은 그 꽃을 그냥 밟고 지나가지만, 담쟁이를 사랑하는 사람은 앉아서 꽃송이를 손에 쓸어 담아 가슴에 품는다.

꽃이 떨어지면 앙증맞은 푸른색의 열매가 맺는다. 열매는 뿌리에서 올라오는 물과 햇볕을 먹고 무럭무럭 자란다. 그러나 열매는 아주 큰 잎의 보호 아래 성숙하기 때문에 잎을 위로 들지 않으면 거의 볼 수 없다. 다만 바람이 불 때 담쟁이 앞에 서서 바라보면 열매를 볼 수 있다.

담쟁이의 열매는 잎과 마찬가지로 부모인 포도나무의 열매를 닮아 익으면 건포도처럼 검은색으로 변한다. 잎이 완전히 떨어진 뒤에 열매가 온전히 드러나면, 새들이 날아와서 일 년 중 최고의 잔치를 벌인다. 담쟁이는 새들에게 일 년 동안 준비한 열매를 온전히 내주고 자식의 탄생을 기원하면서 한 해를 마무리한다.

담쟁이는 하나의 줄기만으로 건물 전체를 덮어버리는 놀라운 능력을 갖고 있다. 과연 담쟁이의 이러한 능력은 어디에서 나오는 것일까. 나는 담쟁이가 사는 방법을 관찰한 결과 다음과 같은 몇 가지를 발견했다.

우선, 담쟁이는 담의 특성을 잘 파악한 후 자신이 가야 할 방향을 정한다. 철저한 조사를 통해 방향을 정한 후에는 뒤돌아보지 않고 흔들림 없이 돌진한다. 만약 가다가 길이 막히면 담쟁이는 바로 다른 길을 찾는다. 이처럼 담쟁이는 분석력과 판단력이 탁월하다.

인생이든 사업이든 결국 길을 찾는 과정이다. 길 찾기가 곧 '도'다. 담쟁이는 점을 선정한 후 선으로 잇는다. 그러나 담쟁이는 반드시 위로만 향하지 않고 어느 정도 오르다가 옆으로 방향을 바꾼다. 위로만 올라가면 바람에 떨어져 죽을 수 있기 때문에 옆으로 뻗어서 위험 부담을 줄이는 지혜를 발휘하는 것이다. 아울러 담쟁이는 담의 특성뿐만 아니라 바람과 햇빛까지 충분히 참작한 뒤에 움직인다. 담쟁이가 아무런 장치도 없는 벽에 붙어서 살아가는 자세는 추격의 자세가 아니라 선도하는 정신이다.

둘째, 담쟁이는 탁월한 적응력을 갖고 있다. 모든 생명체는 뛰어난 적응력을 갖고 있지만, 담쟁이의 적응력은 유독 뛰어나다. 그러나 담쟁이는 단순히 삶에 순응하지 않고 창조적으로 행동한다. 담쟁이의 적응력은 큰 잎에서 확인할 수 있다. 담쟁이는 큰 잎과 긴 잎자루를 통해 많은 빛을 받아들여서 성장한다. 특히 긴 잎자루는 햇빛을 많이 받아들일 수 있도록 줄기 및 가지와의 틈을 만들어준다.

셋째, 담쟁이는 뛰어난 인내력을 갖고 있다. 아무리 좋은 아이디어라도 실천력이 없으면 성공할 수 없다. 그래서 불굴의 의지는 모든 생명체의 삶에서 매우 중요하다. 담에 의지하고 있는 담쟁이의 삶은 언제나 위험에 노출되어 있다. 때론 가지가 비바람에 부러지고, 심할 경우에는 줄기가 담에서 떨어져 공중에 떠 있는 시련을 겪어도 담쟁이는 포기하지 않는다. 담쟁이가 위기에서도 삶을 포기하지 않는 것은 삶이 결코 포기할 수 없는 대상인 것을 잘 알고 있기 때문이다.

세상의 모든 생명체는 태어나는 순간 생존해야 할 가치가 있다. 삶을 포기하고 죽음을 선택하는 것은 단순히 혼자의 문제가 아니라 자신과 연결되어 있는 다른 존재의 삶에도 부정적인 영향을 준다. 만약 담쟁이가 역경을 딛지 않고 쉽게 삶을 포기한다면 담쟁이와 함께 동거하던 각종 벌레, 담쟁이의 열매를 먹고 살던 새들의 삶도 위태로워진다.

진정한 융합은 담쟁이의 삶처럼 스스로 새로운 것을 만드는 것이다. 융합은 담쟁이가 줄기와 가지를 벽에 붙여서 땅과 하늘의 기운을 온전히 받아 성장하는 것처럼, 막힘없이 자유롭게 사고할 때 실현할 수 있다. 나는 해마다 근무하는 공간의 벽에서 살아가는 담쟁이덩굴의 삶을 들여다본다. 내면의 삶을 자세히 들여다보는 것, 그것이 성찰이다.

　공자의 제자 증자(曾子)는 하루에 세 번 자신을 살폈다. 하나는 다른 사람을 위해 일을 하면서 최선을 다했는지를, 다른 하나는 친구와 믿음으로 사귀었는지를, 마지막은 잘 알지 못하는 것을 다른 사람에게 전했는지를 점검했다. 사람마다 성찰하는 내용이 다를 테지만, 성찰의 내용은 결국 맑은 마음을 갖는 것이다. 맑은 마음은 곧 공자가 《시경》을 한 단어로 정의한 '사무사(思無邪)', 즉 '생각에 사악한 것이 없다'와 다르지 않다. 이러한 태도는 어떤 일을 하든 필요하다.

배롱나무의 혁신 정신

혁신의 끝은 열매가 아니다. 혁신은 꽃과 열매,
그리고 다시 이듬해 피는 꽃과 열매로 이어지는 과정 자체다.

———

● 요즘 혁신이 화두다. 혁신 없이는 살아남을 수 없기 때문이다. 그만큼 세상은 급격하게 변하고 있고, 변화를 선도하기 위해서는 끊임없는 자기 혁신이 절실하다. 그런데 혁신을 위해서는 자신만의 시간이 절대적으로 필요함에도 불구하고 대부분 사람들은 빠르게 변하는 세상을 쫓아가느라 자신만의 시간을 갖지 못한다.

유사 이래 혁신 혹은 혁명의 시대가 적지 않았지만 현대 사회는 매일매일 혁신 혹은 혁명을 요구한다. 요즘 혁신을 언급할 때 물리학에서 말하는 '퀀텀 점프(Quantum Jump)'를 자주 사용한다. 나는 '대약진'을 의미하는 이 단어를 생각하면 중국 마오쩌둥 시절에 실시한 대약진운동을 떠올린다. 마오쩌둥의 대약진운동은 소련을 추격하기 위해서 실시한 급속한 경제성장 정책이었다. 그러나 그 결과는 중국의

역사상 가장 많은 사람들의 죽음을 기록한 것 외에는 달라진 게 없었다. 마오쩌둥의 대약진운동이 비참하게 막을 내린 것은 조건을 갖추지 않은 채 무조건 목표만 달성하는 데 급급했기 때문이다.

혁신은 반드시 조건을 갖추어야 한다. 나는 배롱나무를 통해 혁신의 정신을 발견한다. 배롱나무는 다른 나무와 달리 어떻게 백일 동안이나 꽃을 피울 수 있을까.

꽃을 피우기 위해서는 철저한 준비 과정이 필수다. 어떤 나무든 준비 없이 꽃을 피울 수 없기 때문이다. 그런데 배롱나무가 꽃을 피우는 방식은 다른 나무와 조금 다르다. 잎을 먼저 만드는 대부분의 나무는 모든 가지에서 꽃을 피우지만 배롱나무는 꽃을 피울 가지를 따로 만든다. 아울러 배롱나무는 꽃을 피울 가지를 만들면서 다시 중요한 장치를 마련한다. 그 장치는 꽃을 만들 잎 주변의 흰 가루다. 흰 가루는 꽃을 피우는 동안 다른 존재들의 공격을 막기 위한 고도의 전략이다.

꽃을 피우는 가지는 퀀텀 점프처럼 아주 빠른 속도로 자란다. 관찰하지 않으면 잘 모를 정도로 빠르다. 그래서 꽃을 피우기 직전의 배롱나무를 보면 마치 나무에 기둥을 세워놓은 것 같다.

배롱나무는 꽃을 피울 가지를 만든 다음에 꽃봉오리를 만든다. 그러나 결코 한꺼번에 피우지 않고 백일 동안 차례차례 꽃을 피운다. 한꺼번에 피우면 힘이 많이 들어 꽃을 모두 피우기도 전에 쓰러질 수가 있기 때문이다. 배롱나무는 어떻게 하면 안전하게 꽃을 피워 열매를 맺을 수 있을지를 고민한다. 가장 먼저 꽃을 피우는 가지와 가장 늦게 피우는 가지를 살펴보면 배롱나무의 전략을 이해할 수 있다.

배롱나무의 꽃은 혁신의 끝이 아니라 혁신 과정의 일부에 불과하다. 혁신의 끝은 열매가 아니다. 혁신은 꽃과 열매, 그리고 다시 이듬해 피는 꽃과 열매로 이어지는 과정 자체다.

대부분 사람들은 배롱나무의 꽃만 기억하고 열매는 거의 기억하지 않는다. 둥근 모양의 열매가 익으면 꽃받침처럼 여섯 개로 갈라진다. 갈라진 열매 사이로 날개가 달린 씨가 나온다. 그런데 씨가 날아간 열매는 이듬해 꽃을 피울 때까지 떨어지지 않고 매달려 있거나 꽃이 피어도 매달려 있는 경우가 있다.

혁신은 배롱나무의 삶처럼 잎을 만들고 열매를 맺기까지 아주 치밀하게 준비해야 성공할 수 있다. 혁신은 그만큼 위험하지만 위험하다고 해서 혁신을 멈출 수는 없다. 나무는 어떤 상황에서도 혁신을 멈추지 않는다. 매 순간 철저하게 준비하면서 혁신을 계속한다. 혁신의 위험은 나무의 삶처럼 혁신을 통해서만 대비할 수 있다.

배롱나무는 우리나라에서 여름을 대표하는 나무다. 배롱나무는 대부분의 나무들이 봄에 꽃을 피우는 것과 달리 가장 더운 여름 동안 꽃을 피운다. 부처꽃과의 배롱나무는 목백일홍의 우리말이다. 간혹 나무에 무관심한 사람들은 배롱나무와 목백일홍이 다른 나무인지 같은 나무인지 묻곤 한다. 특히 백일홍에 익숙한 사람들에게 배롱나무는 낯설기 때문이다.

배롱나무는 식물과 문화재의 이름을 우리말로 바꾸는 과정에서 등장한 이름이다. 배롱나무는 한자에서 한글로 바뀐 이름이라 부르기는 편하지만, 나무의 뜻이 모호하다. 그러나 '백일 동안 붉은 꽃이 핀다'는 백일홍의 한자 이름은 나무의 특성을 분명하게 드러내는 반면 한해살이풀인 백일홍과 혼동할 수 있기 때문에 주의해야 한다.

배롱나무는 식물도감에 올라 있는 표준 이름이다. 그러니 여전히 배롱나무가 낯선 사람들은 반성해야 한다. 나무 이름이든 다른 사물 이름이든 시대에 따라 바뀌는 게 정상이다. 영원히 바뀌지 않는 것은 아주 드물다. 내가 지금 사용하는 한글 맞춤법도 그동안 수없이 바뀌었으며, 앞으로도 바뀔 가능성이 아주 높다.

나이 든 사람일수록 바뀐 나무 이름을 기억하지 못한다. 애초부터 배롱나무로 배운 젊은 사람들은 목백일홍을 잘 모른다. 과연 어느 쪽의 문제가 클까. 당연히 바뀐 이름을 모르는 쪽에 문제가 많다. 목백일홍을 모르는 경우와 배롱나무를 모르는 경우는 차원이 다르다. 배롱나무의 이름은 현실이고, 목백일홍은 과거다. 따라서 과거보다 현실이 중요하며 과거는 현실의 수단일 뿐이다. 과거의 찬란한 문명은 그렇게 중요하지 않다. 인간은 언제나 현재를 살 뿐, 과거는 현재를 위한 기억 장치에 불과하다. 현재를 담보하지 못하는 과거는 아무리 화려할지라도 큰 의미가 없다.

배롱나무는 매년 백일 동안 화려한 꽃을 피운다. 배롱나무가 매년 그렇게 꽃을 피우지 않는다면 배롱나무의 이름은 존재하지 않는다. 배롱나무를 비롯한 모든 나무들은 매년 성실하게 일신우일신(日新又日新)의 삶을 살아간다. 그 덕분에 인간은 매년 배롱나무의 꽃을 백일 동안 감상할 수 있다.

사람들은 배롱나무를 늘 곁에서 길렀으며 배롱나무의 꽃과 줄기에 마음을 빼앗겨 일찍부터 사랑했다. 중국 당나라 현종은 자신의 근무처에 배롱나무를 심고 관청 이름마저 배롱나무를 의미하는 또 다른 이름인 '자미'를 붙여 자미성(紫薇省)이라 불렀다. '자미'는 북극성을 의미하고, 북극성은 황제를 상징한다. 우리나라에서도 당나라의 풍속을 모방해서 관청에 배롱나무를 심었다. 배롱나무는 조상이나 스승을 모시는 공간에도 심었다. 그래서 사당 앞, 무덤 근처 등에서 자주 만날 수 있다. 이 나무의 꽃이 붉고 줄기에 껍질이 없기 때문이다. 붉은 꽃은 후손들의 조상에 대한 변치 않는 붉은 마음, 즉 단심(丹心)을, 껍질은 겉과 속이 같은 표리일치의 마음을 뜻한다.

가장 더운 여름에 꽃을 피우면서 자신의 존재를 드러내는 배롱나무는 늘 우리 곁에 있다. 배롱나무가 꽃을 피운 후 열매를 맺으면 여름에서 가을로 접어든다. 요즘은 붉은 꽃만이 아니라 흰 꽃, 보라색 꽃 등 다양한 꽃을 가진 배롱나무를 만날 수 있는데 붉은색이 아닌 배롱나무는 어떻게 불러야 할지 난감하다. 인간이 고의로 나무의 꽃 색깔을 바꾸는 것이 과연 바람직한지 깊이 생각할 필요가 있다. 과연 그런 조작이 누굴 위한 것인지 묻지 않을 수 없다.

나무로 살아가는 대나무의 숙명

그릇도 비어 있어야 채울 수 있듯이, 삶도 비어 있어야 행복할 수 있다.

———

● 숙명은 운명의 '주홍글씨'다. 대나무는 나무가 아닌데도 나무로 살아야 하는 숙명의 삶이다. 대나무는 몸집을 불리는 리그닌이 없는 풀인데도 식물학자들이 나무로 부르기 때문에 사람들은 대나무가 풀인 줄 모르고 나무라 여긴다.

조선시대 윤선도는 대나무를 나무인지 풀인지 의심하면서 대나무를 노래했지만, 지금은 의심의 여지없이 나무로 분류한다. 나무는 자신의 의지와 전혀 관계없이 인간의 평가에 따라 정체성이 결정되었다. 식물학자들이 대나무를 나무로 생각한 것은 풀과 달리 오래 살면서도 곧게 자라기 때문일 것이다. 이런 점에서 대나무도 사람이 오해할 수 있는 삶을 살고 있는데 곁에서 보면 누가 봐도 나무로 인식할 수밖에 없다. 아무리 뛰어난 관상가도 겉만 보고서 속을 훤히 알기란 쉽지 않다.

대나무의 또 다른 숙명은 나무 중에 대나무는 없는데도 그렇게 부른다는 사실이다. 대나무는 참나무처럼 대나무의 종류를 총칭하는 이름일 뿐 나무의 종류를 의미하지 않으며 엄격히 말하면 대나무는 존재하지 않는다. 다만 왕죽, 맹종죽, 산죽, 조릿대, 해죽, 오죽 등의 종류가 있을 뿐인데 대부분 정확하게 불러주는 사람은 아주 드물다.

대나무처럼 잘 알 것 같은 존재도 잘 모르는 경우가 많듯이 늘 곁에서 쉽게 볼 수 있는 존재일수록 잘 모르는 경우가 많다. 사람도 마찬가지다. 늘 곁에 있지만 잘 모르는 존재가 가족이다. 늘 곁에 있지만 자세히 보지 않기 때문이다. 많은 사람들이 유명하다고 평가하는 곳은 자주 찾지만 정작 자신이 살고 있는 마을에 대해서는 아는 게 거의 없는 것과 같은 이치다.

대나무의 중요한 특징은 마디다. 대나무처럼 마디를 가진 식물은 적지 않지만 마디마다 비어 있는 식물은 거의 없다. 이처럼 대나무는 다른 나무들과는 다른 독특한 삶을 살아가고 있다. 그래서인지 한 · 중 · 일 삼국에서는 유난히 대나무를 사랑했다. 매난국죽의 사군자 중 대나무가 포함되어 있는 것도 결코 우연이 아니다. 그러나 대나무는 따뜻한 곳에서 사는 존재라서 추운 곳에 사는 사람은 쉽게 만날 수 없다. 우리나라에서도 대나무는 전남 담양과 울산 태화강 등 남쪽에서 명소를 찾아볼 수 있다.

나 무 예 찬

대나무의 마디는 '절(節)'이다. 대나무의 절은 절개를 상징한다. 절개는 지금까지 인간이 대나무를 존경한 이유였다. 이처럼 인간이 대나무의 절에 큰 관심을 가진 것은 그만큼 절개 없는 사람이 많았기 때문이다.

대나무가 마디를 만드는 것은 줄기를 만들기 위한 전략이다. 대나무는 일정한 간격으로 마디를 만들고, 마디마다 두 개의 줄기를 만든다. 대나무의 일정한 마디도 흐트러지지 않는 자세를 상징해서 많은 사람들이 사랑한다. 마디에서 풍기는 대나무의 모습은 높은 경지에 오른 사람들이 갖추어야 할 절제미를 보여준다.

대나무의 또 다른 매력은 매끈한 줄기다. 나는 대나무의 매끈한 줄기를 피부에 비유한다. 대나무는 어떻게 그토록 매끈한 피부를 가졌을까. 인문학적으로 이야기하면 마디의 삶과 질제 덕분이다. 누구나 매끈한 피부를 꿈꾸지만 그렇지 못한 것은 절제하지 못하기 때문이다. 술과 담배를 포함한 음식은 피부에 큰 영향을 주지만 습관에서 벗어나기 어렵다. 인간은 익숙한 데서 쉽게 벗어나지 못한다. 그러나 익숙한 데서 벗어나는 데 익숙해질 때 늘 자신을 새롭게 만들 수 있다. 대나무는 사람들에게 익숙한 존재지만 늘 새로운 모습을 보여준다.

대나무는 마디를 만들면서도 속을 비우고 살아간다. 오동나무도 속이 비어 있어서 붙은 이름이지만 대나무처럼 완전히 비어 있지는 않다. 대부분의 나무는 속을 채워서 자신을 유지하지만 대나무는 반대로 속을 비워서 자신을 유지한다. 그래서 대나무는 비움의 삶을 나타낸다.

대나무의 비움은 우주처럼 엄청난 철학을 담고 있다. 그릇도 비어 있어야 채울 수 있듯이, 삶도 비어 있어야 행복할 수 있다. 대나무의 삶은 허와 실, 실과 허의 변증법이다. 인간의 삶도 대나무처럼 살아야 하지만, 우리나라 대부분 사람들의 일상은 그렇지 않다.

요즘 인기를 얻고 있는 우리나라의 한옥도 허와 실의 철학을 담고 있다. 담 밖이 허라면 담 인의 집은 실이다. 담 안의 마당이 허라면 건물은 실이다. 건물의 마루가 허라면 방은 실이다. 이처럼 우리나라 사람들은 옛날부터 허와 실의 철학 공간에서 살았다. 즉 일상이 허와 실의 삶이었던 것이다. 하지만 현대인들은 쉬는 방법을 잘 모른다. 일상에서 지친 사람들이 고작 생각하는 방법은 일정 기간의 휴가다. 그래서 휴가를 학수고대한다. 대부분 이런 방식으로 쉬기 때문에 휴가철에는 한꺼번에 사람들이 몰려서 오히려 휴가가 아닌 지옥을 경험한다.

일과 쉼은 매일 일상에서 가능해야 한다. 이는 대나무의 삶처럼 마디를 만들고 비우면 가능하다. 대나무의 삶을 실천하기 위해서는 끊어야 할 것이 많지만 많은 사람들이 끊지 못하고 끌어안고 산다. 가장 대표적인 것이 스마트폰이다. 내가 쉼의 철학과 관련해서 스마트폰을 언급하는 것은 이 기계의 단점 때문이 아니다. 기계는 어차피 수단일 뿐이고, 필요에 따라 반드시 사용해야 한다. 문제는 많은 사람들이 쉼의 필요성을 느끼면서도 스마트폰에 의존하고 있다는 사실이다. 쉴 시간이 없다고 하면서도 스마트폰을 거의 한순간도 놓지 않기 때문이다. 캠퍼스에서도 걸으면서 스마트폰을 보는 사람들이 아주 많다. 무엇을 보는지 모르지만 주변의 존재에 대해서는 관심을 두지 않으면서 늘 피곤하다고 이야기한다.

끊는 것을 의미하는 한자는 '절(絶)'이다. 아울러 이 글자는 '아름답다'는 뜻을 가지고 있다. 아름다운 경치를 의미하는 '절경(絶景)'은 다른 모습과 끊어진 상태를 말한다. 세상에서 아름다운 사람을 '절세(絶世)미인'이라 부른다. 이는 이 세상과 떨어진 모습을 가진 사람이란 뜻이다.

이처럼 끊는 순간, 삶은 아름다운 모습으로 변한다. 스마트폰과 정을 끊는 순간, 쉼의 순간을 맞을 수 있다. 나는 아직도 폴더폰을 사용하고 있다. 적지 않은 사람들이 왜 스마트폰을 사용하지 않느냐고 말한다. 그래야만 카톡을 비롯해서 여러 가지 편리한 점이 많다는 것을 강조한다. 왜 내가 스마트폰의 장점을 모르겠는가. 그런데도 스마트폰을 사용하지 않는 것은 나무와 만나면서 상상의 즐거움을 누리고 싶기 때문이다.

나무와 만나면 무한의 상상을 즐길 수 있다. 그러나 스마트폰에 의지하면 상상의 기회는 줄고 망상의 기회는 늘어난다. 나무와 만나면 심신을 편하게 할 수 있지만 스마트폰은 심신을 피곤하게 만든다. 기계는 오로지 기계일 뿐이다. 인간이 기계의 노예로 전락하면 결코 쉴 수 없다. 스마트폰은 디지털 기계지만 스마트폰에 절대적으로 의존하는 사람은 아날로그적인 삶을 살고 있는 셈이다.

우리는 일상에서 만나는 한 그루의 나무를 통해서 스마트한 인생을 즐길 수 있다. 나무와 마주할 수 있는 마음만 있다면 어떤 비용도 필요하지 않다. 쉬는 데 돈을 투자하지 말아야 한다. 한 그루의 나무로도 충분하다.

추위에 더욱 빛나는 매화 향기

매화는 일생을 추위에 떨어도 향기를 팔지 않는다.

―――――

● "매화는 일생을 추위에 떨어도 향기를 팔지 않는
다(梅一生寒不賣香)." 그러나 매화는 벌에게 향기를 판다. 그래야만 살
아남을 수 있기 때문이다. 나는 나무를 찾아 자주 길을 나서지만 꽃을
찾아 길을 나서는 경우는 많지 않다. 그래도 나무를 찾아가다 보면 꽃
을 만날 수밖에 없다. 그중에서도 매향은 사람의 발걸음을 멈추게 할
만큼 향기가 매혹적이다.

매화가 강한 향기를 품어내는 것은 추운 날씨와 무관하지 않다. 날
씨가 추우면 대부분의 생명체들이 움츠리지만 매화는 오히려 추운 날
씨에 꽃을 피운다. 많은 사람들이 매화를 사랑하는 것은 꽃의 모양과
향기 때문이지만, 매화를 진정 사랑하려면 이 같은 매향의 원리를 알
아야만 한다.

매화가 필 무렵 찾아가는 것을 '탐매(探梅)' 혹은 '심매(尋梅)'라 부른다. 나는 탐매보다 심매의 발음을 좋아한다. 탐매의 '탐'은 '찾는다'는 뜻과 함께 '탐하다'는 분위기를 자아내기 때문이다. 내가 매향을 가장 먼저 느끼는 곳은 학교지만 고향에서도 해마다 매향을 즐긴다. 고향의 바깥마당과 주변 밭에는 여러 그루의 매화가 살고 있다. 부지런한 형들이 심은 매화는 해마다 형제들에게 많은 열매를 제공하지만, 나는 열매에는 큰 관심이 없다. 그저 고향에 갈 때마다 매향을 즐길 수 있는 것만으로도 족하다.

고향의 매실나무는 아버지의 휴식 공간이다. 연로한 아버지는 멀리 다닐 수도 없으셔서 바깥마당에서만 조금 움직이신다. 봄철에 고향에 가면 아버지께서 매실나무 아래 앉아 계실 때가 많다. 몇 년 전 나는 매실나무 아래 앉아 계신 아버지를 카메라에 담아서 액자를 만들어 집에 보관하고 있다. 평생 농사만 짓다가 겨우 살 만하니 건강이 허락하지 않아서 이제 아버지와 여행조차 할 수 없다. 전국에 유명한 매실나무를 찾아서 여행하고 싶어도 할 수 없으니, 이보다 가슴 아픈 일도 없을 것이다. 그나마 집 마당에 매실나무가 적지 않아 해마다 아버지께서 매향을 즐길 수 있으니 다행이다.

올해는 전국에서 가장 나이 많은 '정당매(政堂梅)'와 '원정매(元正梅)'를 다시 만났다. 정당매와 원정매는 경상남도 산청에 살고 있다. 그러나 고려시대 정당문학(政堂文學)을 지낸 강회백이 심은 정당매는

생명을 다한 것이나 다름없을 만큼 쇠약하다. 고려시대 원정공(元正
公) 하즙(河楫)이 심은 원정매는 몸에 큰 상처를 입었지만 정당매보다
는 상당히 양호한 편이다. 장미과의 매실나무가 600살을 산다는 것
은 기적과 같다. 그런데도 정당매와 원정매가 아직도 살아 있으니 정
말 위대하다. 더욱 위대한 것은 그런 몸 상태에서도 추위를 뚫고 꽃을
피운다는 점이다. 나는 추워서 벌벌 떨면서 정당매와 원정매를 바라
보았지만 두 매실나무는 거뜬히 추위를 견디고 있었다.

　산청에는 정당매와 원정매 외에도 남명 조식이 심은 '남명매(南冥
梅)'가 산천재에 살고 있다. 남명매는 정당매와 원정매에 비해 나이가
아직 많이 어리기 때문에 상태도 상대적으로 좋다. 남명매는 올해 추
위 속에서도 꽃을 피웠는데 나는 올해 처음으로 남명매의 꽃을 보았
다. 그동안 남명매는 여름 혹은 가을에만 만나 꽃을 볼 기회가 없었는

데 올해는 두 차례나 남명매의 꽃을 보았으니, 이제 여한이 없다. 늘 마음으로 그리워하다가 직접 만나서 꽃을 보면 눈물도 나지 않는다. 올해는 산천재에서 향기로운 차도 올렸으니 현명하게 봄을 맞은 셈이다.

나는 아직 경북 안동 도산서당 절우사의 매실나무 꽃을 만나지 못했다. 다만 안동에 계시는 분과 통화하면서 개화 시기만 몇 차례 확인했을 뿐이다. 지금의 매실나무는 이황이 직접 심은 것은 아니지만 절우사는 우리나라에서 가장 유명한 매실밭이다. 퇴계가 남긴 《매화시첩》에서 그의 매화 사랑을 간접으로 경험한 나는 언젠가 직접 찾아가 매실나무 꽃을 볼 것이다. 절우사의 매실나무는 안동댐 때문에 추위를 한층 잘 견뎌야 꽃을 피울 수 있을 것이다. 퇴계도 절우사의 매화 꽃이 추위에 얼까봐 노심초사했다. 나무를 사랑하면 나무조차 자식처럼 걱정하지 않을 수 없다.

이번 학기 나무 관련 수업에서 가장 먼저 만난 나무가 매실나무였다. 개학 후 매실나무는 꽃을 피워 아직 겨울 옷을 벗지 못한 사람들에게 새로운 기운을 준다. 내가 근무하는 건물 동쪽 입구 계단에 살고 있는 한 그루 매실나무는 학생들의 학습 대상이다. 나는 그곳까지 학생들을 데리고 가서 매향 즐기는 방법을 일러준다. 그런데 간혹 매향을 즐길 줄 모르는 학생도 더러 있으며 매향을 처음 맡는 학생도 있다. 그러니 나무 앞을 지나가거나 앞에 서 있어도 매향인 줄 모른다.

매향은 가까이서도 맡을 수 있지만 어느 정도 떨어진 곳에서도 맡을 수 있을 만큼 향이 진하다. 나는 매향과 더불어 향을 품어내는 꽃의 모양을 보라고 권한다. 매실나무처럼 장미과의 나무들은 꽃잎이 다섯 장이다. 다섯 장의 꽃잎마다 꽃받침이 있는데 꽃받침의 도움을 받은 꽃잎은 각각 합창하면서 향기를 품는다. 혹 바람이 불면 매향은 한층 멀리 날아가서 벌을 유인한다.

　주위에서 만나는 매실나무는 대부분 하얀 꽃을 피우는 백매다. 산청의 고매(古梅)도 모두 백매다. 그런데 간혹 홍매나 청매를 만나면 새로운 느낌이 든다. 올해는 홍매와 청매의 꽃도 함께 만났다. 비 오는 날 만난 청매와 홍매의 꽃은 수줍다. 비에 젖은 매화는 향기를 크게 품어내지 않지만 아름다운 자태만은 잃지 않는다. 바람이 불면 간혹 잎이 떨어지지만 여간해서 떨어지지 않는다. 나는 열매를 맺지 못하고 바람에 떨어진 꽃잎을 주워서 따뜻한 찻잔에 띄워 마신다. 찻잔 속에 앉은 매화의 모습은 함께 빠지고 싶을 만큼 사랑스럽다. 더욱이 차를 사랑하는 사람과 함께 찻잔 속의 매화를 바라본다면 그 이상 행복한 순간은 없다.

메타세쿼이아의 귀환

메타처럼 누군가를 낯설게 하고 설레게 하는 존재가 매력적인 존재다.
메타는 아무리 봐도, 언제 봐도 새롭다.

———

● 메타세쿼이아(Metasequoia, 이하 메타)는 위대하
다. 메타는 은행나무 및 소철과 더불어 '살아 있는 화석'이기 때문이
다. 그러나 메타의 존재가 세상에 알려진 것은 1937년 시작한 중국과
일본의 전쟁, 즉 중일전쟁 기간이었으니 고작 100년 미만이다.

메타는 그동안 인간들의 기억에서 사라지고 단순히 추억으로 남아
있었다. 그러나 참 아이러니하게도 전쟁이 잊혀진 메타를 인간 세상
으로 돌아오게 했다. 그런 연유로 지금의 이름이 탄생했다. '메타'의
뜻은 '이후'다. 사라진 다음에 등장했기 때문이다. '세쿼이아'의 뜻은
'인디언 추장'이다. 인디언 추장의 이름이 나무 이름이라는 사실도 이
나무가 품고 있는 원시성을 알려주고 있다.

메타는 인간 세상에 귀환한 지 한 세기도 되기 전에 인류의 관심을

독점하고 있다. 원산지 중국은 물론 우리나라에서도 1970년대 권장 가로수로 등장한 이후 아파트를 비롯한 전국 곳곳에서 이 나무를 만날 수 있기 때문이다.

나는 메타의 귀환과 함께 부모인 낙우송의 마음을 생각한다. 낙우송은 메타를 잃어버린 후 어떤 심정으로 살았을까. 자식 잃은 부모의 심정을 생각하면, 낙우송의 심정도 충분히 짐작할 수 있다. 메타는 부모를 무척 닮아서 잘 관찰하지 않으면 알아차리기가 결코 쉽지 않다. 메타의 부모인 낙우송은 주위에서 만나는 것조차 쉽지 않아 메타와 비교할 기회도 많지 않기 때문이다.

메타의 중요한 특징은 부모를 닮아 갈잎바늘잎나무라는 점이다. 소나무처럼 바늘잎은 늘푸른나무를 떠올릴 수 있지만, 메타는 잎이 떨어지는 소나무를 의미하는 낙우송을 부모로 둔 까닭에 잎이 떨어진다. 아울러 메타의 작은 솔방울을 닮은 열매도 부모의 열매와 유사하다. 그렇다면 메타가 부모와 다른 점은 무엇인가? 잎의 모양이다. 그러나 메타의 잎과 낙우송의 잎은 자세히 보지 않으면 구분할 수 없다. 메타의 잎은 마주 나면서 짝수로 끝나는 반면 낙우송은 홀수로 끝나는 것만 다르기 때문이다.

누구나 태어나면서 무한한 잠재력을 갖고 있다. 그러나 어떤 존재는 잠재력을 발휘하면서 살아가지만, 어떤 존재는 평생 잠재력을 발휘하지 못하면서 살아간다. 인간의 추억 속에서만 존재했던 메타는

한순간에 위대한 존재로 평가받으면서 이 땅에서 영광을 누리고 있다. 나도 1961년 태어나 45년 동안은 잠재력을 거의 발휘하지 못하고 살다가 나무를 만나서 잠재력을 발휘하면서 살아가고 있다. 만약 전쟁 과정에서 메타가 '발견'되지 않았다면 지금까지 아무도 메타의 존재를 알지 못했을 것이다. 나 역시 만약 나무를 만나지 않았다면 아직 생활고에서 벗어나지 못했을 것이다.

메타는 전쟁이 일어나기 전부터 발견 장소에서 살고 있었지만, 목숨을 건 전쟁에서 사람들이 그곳에 발을 딛자 세상에 알려졌다. 만약 전쟁이 아니었다면 사람들은 메타가 사는 곳에 가지 않았을지도 모른다. 만약 내가 생존의 위기에 처하지 않았다면 나 역시 결코 나무를 만나지 못했을 것이다. 인간은 절박한 순간에 메타를 만났다. 전쟁만큼 절박한 순간은 없다. 목숨 건 순간만큼 절박한 순간도 없다. 나는 목숨을 부지할 수 없는 절박한 순간에, 더 이상 물러설 수 없는 상황에서 나무를 만났다. 절박함이 잠재력을 깨우는 법이다.

　메타는 세상에 나오자마자 사람들의 관심을 끌었다. 메타의 매력이 무엇이기에 순식간에 사람들의 관심을 끌 수 있었을까? 메타의 매력은 '살아 있는 화석'이라는 명칭에 잘 어울리는 자세에 있다. 메타의 원뿔 모양은 단번에 사람들의 눈을 사로잡는다. 우리 주변에서 메타와 같은 모습을 갖춘 나무로 주목을 꼽을 수 있지만, 주목은 성장이 더디다. 그러나 메타는 성장 속도가 빨라서 짧은 기간에 도심에서도 큰 나무를 쉽게 만날 수 있다. 메타의 이러한 모습은 그동안 인간이 만났던 나무와는 전혀 달라서 사람들에게 낯설게 다가온다. 메타는 요즘 용어로 표현하면 키 크고, 잘생기고, 집안 좋고, 공부도 잘하는 최상의 '금수저'다. 메타는 그야말로 완벽한 조건을 갖춘 존재다. 그래서 누구든 메타를 한 번 보기만 하면 금세 반해 버린다.

　메타처럼 누군가를 낯설게 하고 설레게 하는 존재가 매력적인 존재다. 만나서 늘 같은 내용의 이야기를 한다면 듣는 사람들은 질리고 말 것이다. 부부 간의 권태기도 서로 변하지 않는 생각과 태도에 질려서 생기는 현상이다. 메타는 아무리 봐도, 언제 봐도 새롭다. 양쪽으로 심은 메타 가로수를 보면 상승하는 기운을 느낄 수 있다. 메타처럼 누군가에게 보는 순간 좋은 기운을 줄 수 있다면 얼마나 좋을까. 나는 메타를 살포시 안고 하늘을 올려다보는 것을 무척 좋아한다. 나무 끝까지 눈길을 주면 금방이라도 하늘과 맞닿을 것 같다. 혹 메타의 끝자락쯤에서 새집이라도 발견하면 메타의 매력은 한층 돋보인다. 남에게아쉬운 소리 하지 않고 도도하게 살아갈 것 같은 존재가 누군가에게삶의 보금자리까지 내어주니 말이다. 대부분의 존재는 한평생 살면서 자기 몸 하나 가누기조차 힘들지만, 메타는 가장 튼튼한 가지를 집없는 새들에게 기꺼이 내준다. 그것도 다른 나무들이 흉내 낼 수 없는가장 높고 안전한 곳을 말이다.

메타가 잎을 만드는 장면을 보면 귀여워서 미칠 것만 같다. 키는 20미터 이상 자라는 나무지만 돋아나는 잎은 아주 작고 부드러워서 깨물어주고 싶을 만큼 사랑스럽다. 더욱이 다 자란 잎도 마주나기 때문에 빈틈없는 모습이다. 노랗게 물든 잎이 떨어지면 바닥은 황금의 주단으로 변한다. 떨어진 잎을 밟고 누드의 메타를 바라보면 옹기종기모인 열매를 달고 있다. 메타는 봄까지 열매를 달고 있다가 잎을 만들즈음에 자식을 땅으로 내려보낸다. 긴 자루를 가진 열매를 주어서 책상 위에 두고 관찰하면 메타의 향기로운 삶을 마음껏 맡을 수 있다.

나는 처녀작 《어느 인문학자의 나무 세기》를 통해 단번에 이름을세상에 올렸다. 그 누구에게도 나무를 배우지 않고, 그 누구에게도 방법을 묻지 않고, 그냥 혼자의 힘으로 무모하게 나무 책을 출판했다.

인문학자인 역사학자가 자연과학에 속하는 나무 관련 책을 출판하자, 독자들이 아주 신선하게 바라봤다. 나는 거침없이 내 방식대로 일 년에 한 권 이상 책을 출판했다. 나는 단번에 생존의 위기를 탈출했을 뿐 아니라 지금까지 그 누구도 걷지 않았던 길을 개척했다. 나는 나무가 자연과학의 영역이 아니라 인문학의 영역이며, 나무가 인문학의 영역이 아니라 생명의 영역이라는 것을 증명하고 싶다. 나는, 나무는 그 누구의 영역도 아닌 오로지 생명의 영역이고, 학자는 오로지 생명의 영역을 연구의 대상으로 삼을 때만이 사회에 기여할 수 있다는 것을 증명하고 싶다.

　나무는 모든 영역을 허문다. 나무는 어떤 경계도 용납하지 않는다. 나무는 그저 치열하게 살아갈 뿐이다. 나는 나무를 만나 세상에 존재하는 학문의 모든 경계가 부질없다는 것을 깨달았다. 나무의 뿌리는 땅을 알고, 나무의 줄기와 가지는 하늘을 안다. 그래서 나무는 천지의 원리를 안다. 나는 나무에게 천지의 원리를 배웠다. 잠재력은 천지의 원리를 아는 데서 발휘된다.

단풍나무의 아름답고 치열한 습관

나무는 해마다 반복적으로 잎을 떨어뜨리지만 한 번도
같은 색을 만들거나 같은 방식으로 떨어뜨리지 않는다.

● 습관은 버릇이다. 사람도 저마다 버릇이 있다. 나무도 버릇이 있다. 갈잎나무의 단풍도 일종의 버릇이다.

사람은 버릇에 대해 이중적인 잣대를 가지고 있다. 좋은 버릇과 나쁜 버릇이 그것이다. 어른들은 아이들에게 버릇이 있길 바라지만, '손버릇이 나쁘다'에서 보듯이 때론 버릇을 나쁘게 평가한다. 어른들이 어린애에게 이야기하는 버릇은 어른에 대한 공손함과 무관하지 않다. 따라서 어른들에게 공손하면 예절이 바르다고 칭찬하고, 그렇지 않으면 버릇없이 군다고 핀잔한다.

어른들의 버릇에 대한 이러한 평가는 다분히 자의적일 뿐 아니라 심지어 위험하다. 어른들이 이야기하는 버릇은 변화보다는 전통의 묵수(墨守)에 가깝기 때문이다. 어른들은 과거에 자신이 경험한 것들을 기준으로 젊은 사람들을 평가하는 데 익숙하다. 그러나 어른들이 애지중지하는 경험은 현대를 이해하는 데 적합하지 않을 때가 많다. 젊은 사람들은 어른들의 과거지향적인 잣대를 쉽게 받아들이지 않는다. 이런 상황에서 어른과 젊은 사람 간에 공감대를 형성하기란 쉽지 않다. 지금 세대 간의 심각한 갈등도 이런 상황과 무관하지 않다.

갈잎나무는 매년 잎을 떨어뜨리는 습관을 가지고 있다. 그러나 나무의 습관은 아름답다. 왜냐하면 나무의 습관은 새로운 모습을 만들기 때문이다. 나무는 해마다 반복적으로 잎을 떨어뜨리지만 한 번도 같은 색을 만들거나 같은 방식으로 떨어뜨리지 않는다. 게다가 나무가 잎을 떨어뜨리는 습관은 잎을 떨어뜨리는 데 머무는 것이 아니라 새로운 잎을 만드는 과정이다. 나무의 습관은 묵은 것을 버리면서 새로운 것을 만드는 과정이다. 그러나 인간의 습관은 대부분 묵은 것에서 끝나거나 때론 퇴행적이다. 나무가 사람들에게 '아낌없이 주는 존재'로 칭찬을 받는 것은 '변하는 습관' 때문이다. 나무가 혁신하는 습관을 갖고 있지 않다면 어떻게 사람들에게 칭송받을 수 있을까.

습관은 관성을 낳는다. 오랫동안 살면서 생기는 관성은 결코 하루아침에 바뀌지 않는다. 그래서 사람들은 매일 관성에 따라 움직인다. 관성에 빠진 것을 '매너리즘'이라 부른다. 나무의 습관도 관성이다. 그래서 나무도 매너리즘에 빠져 있다. 그러나 나무의 매너리즘과 인간의 매너리즘은 근본적으로 다르다. 나무의 매너리즘은 변화를 전제하지만 사람의 매너리즘은 변화를 전제하지 않기 때문이다. 나에게도 적잖은 매너리즘이 있지만 나무를 만난 후부터 나무와 같은 매너리즘을 갖기 위해 노력한다. 변화에 익숙한 존재에게는 세대 간의 갈등이나 소통의 문제가 없다. 모든 사람들이 나무를 싫어하지 않는 까닭은 나무가 그 어떤 사람과도 소통할 수 있기 때문이다. 나무의 소통 능력은 바로 변화의 습관 때문이다.

한국 사람들은 성리학의 영향으로 수직적인 습관을 갖고 있다. 그래서 한국 사람들은 늘 나이를 따진다. 나이를 따지는 버릇은 사람을 상하관계로 바라보는 인식을 낳는다. 사람은 애초부터 상하가 없다. 나이는 단지 시간의 순서일 뿐이다. 그러나 존재의 가치는 시간과 무관하다. 존재는 영원히 그 자체로 평등한 가치를 지니고 있기 때문이다. 나무도 마찬가지다. 나이가 많든 적든 그 자체로 위대하다. 모든 생명체의 삶은 각자 타고난 능력을 최대한 발휘하는 과정일 뿐이며, 능력의 발휘는 변하는 습관을 통해서 이루어진다.

갈잎나무는 한 해를 마무리하기 위해 잎을 떨어뜨린다. 갈잎큰키나무 단풍나무도 특별한 경우가 아니면 잎을 붉게 물들여 잎을 떨어뜨린다. 단풍나무의 잎을 '단풍(丹楓)'이라 부른다. 그런데 사람들이 모든 물든 나뭇잎을 보통 단풍이라 부르니 이제 단풍은 모든 식물의 물든 잎들을 상징한다. 사람들은 가을에 만산홍엽의 아름다운 모습을 구경하기 위해 길을 나서지만 정작 우리가 만나는 단풍 중에 단풍나

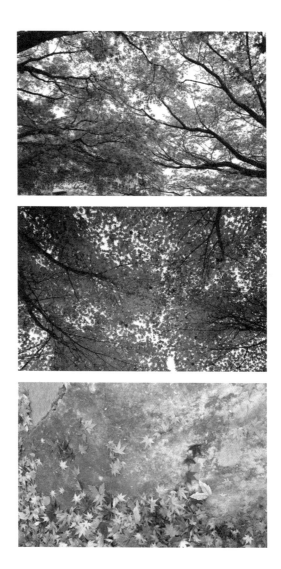

무의 단풍은 그렇게 많지 않다. 우리나라는 특정 지역을 제외하면 단풍나무가 많지 않기 때문이다. 우리가 만나는 단풍의 대부분은 참나뭇과의 상리수나무와 떡갈나무의 잎이다. 두 종류의 나뭇잎은 노랗다. 우리나라 전역에 참나뭇과의 나무가 많다는 것은 숲이 '극상림(極相林)'으로 변했다는 것을 의미한다. 극상림은 숲의 마지막 단계를 의미한다.

나는 가을철에 특별히 단풍을 구경하기 위해 먼 길을 떠나지 않는다. 굳이 먼 길을 떠나지 않아도 얼마든지 단풍을 즐길 수 있기 때문이다. 오히려 단풍 명소는 찾는 사람들이 많아서 단풍을 제대로 즐길 수가 없다. 우리나라 사람들은 단풍을 관찰하면서 즐기기보다는 시끌벅적하게 사진 찍는 것을 즐긴다. 단풍은 나무들이 한 해를 마무리하는 시간을 의미한다. 그래서 단풍놀이는 나무가 한 해 동안 살았던 치열한 삶을 살피는 시간이어야 한다. 만약 나무가 치열하게 한 해를 살지 않았다면, 우리는 결코 아름다운 단풍을 만날 수 없다.

단풍나뭇과에는 단풍나무를 비롯해서 청시닥나무, 신나무, 네군도단풍, 복자기나무, 중국단풍, 세열단풍, 우산고로쇠, 고로쇠나무, 당단풍, 설탕단풍, 섬단풍나무, 홍단풍, 청단풍, 은단풍 등 다양하다. 우리나라의 경우 도시 주변에서 가장 많이 만날 수 있는 나무는 중국단풍이다. 잎이 세 갈래로 갈라져서 '삼각풍'으로 불리는 중국단풍은 공해에도 강하고 빨리 자라는 덕분에 도시의 가로수로 각광을 받고 있다.

그래서 전국 곳곳의 가로수는 물론 정원에서도 중국단풍을 흔히 만날수 있다. 중국단풍의 잎은 온도에 따라 붉게 물들기도 하고 노란색으로 물들기도 한다. 나무는 기후 조건에 따라 잎을 만들 때처럼 잎마다 물들이는 순서를 달리한다.

복자기나무와 고로쇠나무는 이름에 '단풍'을 붙이지 않아서 단풍나무인지 분간하기 어려운 나무다. 특히 단풍 중에서도 아주 매력적인 복자기나무는 주위에서 흔히 만나기 어렵다. 하지만 나는 매년 복자기나무의 단풍을 즐긴다. 내가 근무하는 곳과 집 근처에 복자기나무가 살고 있기 때문이다. 특히 집 근처 공원의 고분에 살고 있는 복자기나무의 단풍은 말로 형언할 수 없을 만큼 아름답다. 복자기나무의 단풍을 감상하는 방법 중 하나는 나무를 안고 바라보는 것이다. 나무를 안고 고개를 들어 단풍을 바라보면 황홀경 그 자체다.

은단풍은 주위에서 보기가 매우 드물다. 나는 경북 예천 선몽대에서 만난 은단풍을 결코 잊을 수 없다. 내성천의 아름다운 모래밭 가에 살고 있는 한 그루 은단풍의 잎이 물들어 바람에 흔들리고, 바람에 떨어진 잎이 내성천 모래밭에 살포시 앉으면 신선을 꿈꾸는 선몽대의 의미를 알 수 있다. 나는 매년 신발을 벗고 모래밭에 들어가 은단풍 잎과 함께 보낸 시간을 추억한다. 그런데 현재 내성천은 영주댐 건설로 점차 모래밭이 사라지고 있다. 세계에서 가장 아름다운 내성천의 모래밭이 사라지는 날, 대한민국의 미래는 어둡다. 가을날 은단풍의 잎들이 바람에 하나둘씩 모래밭에 떨어져서 물결을 따라 떠내려가야만 내성천은 살 수 있다. 그러나 모래밭에 풀들이 자라서 은단풍 잎이 더 이상 물결에 떠내려가지 않으면 내성천은 죽음을 맞는다. 하천이 죽으면 우리의 삶도 곧 죽음이다.

나는 매일 나무를 만나러 간다. 내가 가는 곳마다 나무가 살고 있기 때문이다. 그러나 많은 사람들은 늘 주변에 나무가 살고 있는데도 나무를 만나지 않는다. 내가 나무를 만나는 습관은 가장 가난하고 힘든 시절에 생겼다. 나무는 만날 때마다 나에게 새로운 모습을 보여준다. 그러나 나무의 새로운 모습은 곧 나의 새로운 모습이다. 내가 새롭지 않다면 세상에 그 어떤 것도 새롭지 않기 때문이다.

누구나 좋은 습관을 원한다. 매일 나무를 만나는 습관만 가지고 있다면 늘 새로운 생각으로 살아갈 수 있고, 늘 새로운 아이디어를 만들 수 있다. 나무를 만나는 습관은 언제나 생각에 집중할 수 있게 한다. 매일 30분이라도 나무와 눈을 맞추기만 하면, 모든 번뇌가 사라진다. 모든 번뇌가 사라지는 순간, 자신의 몸속에 잠재하고 있는 능력이 드러난다. 매일 1분만이라도 나무의 줄기, 가지, 잎, 꽃, 열매를 자세히 보면, 모든 고통은 사라진다. 모든 고통이 사라지는 순간, 자신도 감당할 수 없는 아이디어가 생긴다. 걸핏하면 인터넷에서 '검색'하기보다 나무와 더불어 '사색'하면 무한한 감동으로 벅찬 하루하루를 만끽할 수 있다.

나무와 함께 하루하루를 벅찬 감동으로 사는 습관을 만들면 출근길은 아무리 차가 막혀도 즐겁다. 돈 한 푼 들이지 않아도 나무는 늘 우리 곁에 있다는 사실을 기억하는 습관이야말로 행복하게 살아가는 최상의 비법이다.

은행나무의 자강불식

은행나무가 자신만의 생존 전략을 가질 수 있었던 것은
1억 년 이상 쉼 없이 '삶의 기술'을 만들었기 때문이다.

———

● 《역경(易經)》은 수많은 한문의 역경을 겪고서야
이해할 수 있는 경전이다. 요즘 나는 한문을 공부한 지 수십 년이 지
난 뒤에야 겨우 《역경》을 읽고 있지만 제대로 이해할 수 있는 구절이
많지 않다. 그래서 《역경》에 기초해서 세상의 이치를 판단하는 사람
들을 보면 절로 대단하다는 생각이 든다.

한문을 공부한 지 많은 시간이 지났는데도 내가 《역경》을 제대로
이해하지 못하는 것은 그만큼 둔하기 때문이다. 그래도 《역경》을 읽
다가 마음에 닿는 구절이 나오면 기쁘기도 하고, 특히 평소에 사용하
는 단어의 출처를 확인하는 순간은 즐겁기도 하다.

《역경》은 크게 두 가지 해석이 있다. 하나는 공자처럼 도덕 가치로
보는 경우이고, 나머지는 주자처럼 점치는 도구로 이해하는 경우이

다. 어느 쪽이 맞는지를 판단하기란 결코 쉽지 않다. 두 경우 모두 일리가 있기 때문이다.

나는 《역경》의 구절 중에서 하늘을 설명한 '자강불식(自彊不息)', 즉 '스스로 힘쓰면서 쉬지 않는다'를 무척 좋아한다. 우리가 매일 만나는 하늘의 속성이 바로 자강불식이다. 만약 하늘이 잠시라도 쉰다면 세상의 모든 생명체는 살아갈 수 없다. 하늘은 하늘의 도리를 다하기 위해 한순간도 쉬지 않는다. 하늘은 결코 다른 곳을 기웃하지 않는다.

나는 은행나무에서 자강불식의 삶을 발견한다. 은행나무는 다른 나무와 다른 삶을 살아가는 아주 독특한 존재다. 은행나무는 우리나라 가로수 중에서도 가장 많을 만큼 전국 어디서나 쉽게 만날 수 있다. 그러나 은행나무의 존재 가치를 인식하는 사람은 아주 드문 반면, 대부분 사람들은 은행나무의 약효에 대해 큰 관심을 갖고 있다. 우리나라에서 은행나무 가로수를 많이 심은 이유는 공해에 강하다는 것 외에 잎과 열매가 건강에 좋다는 것도 크게 작용했다. 그러나 최근에는 가로수 은행나무 열매에 좋지 않은 물질이 있다거나 익을 때 냄새가 난다는 이유로 암그루를 제거하는 움직임까지 나타나고 있다. 이처럼 우리나라에는 은행나무가 아주 많이 살지만 은행나무에 대한 사람들의 이해는 매우 낮은 편이다.

은행나무는 은행나뭇과에 은행나무만 존재하는 유일성의 존재다. 은행나무는 대부분의 나무들이 다른 종으로 진화하는 것과 달리 오로지 혼자서 살아남았다. 모든 기업들도 은행나무와 같은 위상을 꿈꿀 것이다. 이 세상에 은행나무처럼 독보적인 기업이 얼마나 존재할까.
그런데 은행나무의 유일성과 관련해서 반드시 기억할 것은 부부가 만
든 합작품이라는 사실이다. 대부분의 나무들은 암수한그루지만 은행
나무는 암수딴그루다.

　은행나무의 원산지는 중국 절강성 천목산이다. 은행나무가 언제 우
리나라에 들어왔는지를 알 수 있는 문헌자료는 없다. 다만 현장에 남
아 있는 은행나무가 중요한 자료다. 현재 우리나라 전역에 살고 있는
은행나무 중에서 나이가 많은 나무들은 대부분 사찰과 유교에 관련
된 공간에 살고 있다. 우리나라에서 가장 나이가 많은 은행나무는 경
기도 양평 용문사에 살고 있는 1,150살 정도다. 이런 점으로 보면 은
행나무가 우리나라에 들어온 것은 불교와 유교의 수용과 밀접한 관계
가 있다.

　은행나무의 잎은 은행나무가 남다른 삶을 살고 있는 중요한 증거
다. 은행나무의 또 다른 이름은 '압각수'이다. 압각수는 은행나무 잎
이 '오리의 발'을 닮아서 붙여진 이름이다. 그러나 은행나무의 잎은
처음부터 오리의 발처럼 생기지 않았다. 원래의 은행나무 잎은 소나
무처럼 침엽수였다. 은행나무가 침엽수였다는 사실은 이 나무가 나자
식물이라는 사실에서 확인할 수 있다. 침엽수였던 은행나무가 활엽수
로 바뀐 이유는 무엇일까?

　은행나무는 공룡이 살았던 백악기 이전에도 화석으로 발견될 만큼
식물 역사에서 대단한 존재다. 그러나 위기가 닥치자 은행나무는 기

후 변화를 비롯해 세상의 변화에 적응하는 법을 터득했다. 은행나무는 더 이상 침엽수로는 살아갈 수 없다는 것을 직감하고, 생존 방법을 찾았다. 은행나무가 선택한 생존 방법은 바로 잎을 크게 만들어 햇볕을 많이 받는 것이었다. 그러나 공룡이 세상의 변화에 적응하지 못해 지구상에서 사라졌듯이, 은행나무를 제외한 대다수의 식물들은 지구상에서 사라졌다.

세상이 변하면 새로운 기술이 필요하나. 그러나 변화는 현상 이전부터 일어난다. 따라서 현상이 드러난 후에 변화에 맞는 기술을 개발하면 이미 늦다. 은행나무가 잎을 크게 만들 수 있었던 것은 변화가 현상으로 드러나기 이전부터 준비했기 때문이다. 그렇지 않다면 다른 식물처럼 지구상에서 사라졌을 것이다. 식물은 인간보다 훨씬 예민하지만 모든 식물들이 예민하다고 해서 생존하는 것은 아니다. 은행나무가 생존할 수 있었던 것은 다른 나무와 다른 번식 기술을 갖고 있었기 때문이다.

흔하디흔한 은행나무지만 은행나무의 꽃을 본 사람은 매우 드물다. 그러나 은행나무의 열매를 모르는 사람은 거의 없다. 그런데 놀라운 것은 열매를 아는 사람들이 은행나무에도 꽃이 피는가를 묻는 일이다. 나는 다시 꽃도 피지 않았는데 어떻게 열매를 맺는가라고 되묻는다. 사람이 은행나무의 꽃을 보지 못한 것은 은행나무의 삶에 관심이 없기 때문이기도 하지만, 은행나무의 꽃, 특히 암꽃을 쉽게 볼 수 없기 때문이다. 은행나무의 꽃은 봄에 수나무에는 수꽃이, 암나무에는 암꽃이 각각 핀다. 황색의 수꽃은 은행나무에 조금만 관심을 가져도 확인하는 데 어려움이 없지만, 푸른 은행잎과 닮은 암꽃은 크기가 작아서 여간 관심을 갖지 않으면 확인조차 어렵다.

20세기 이전까지 식물학자들은 은행나무가 어떻게 부부관계를 맺는지에 대해서 정확하게 알지 못했다. 은행나무의 수정 과정을 정확하게 안 것은 1896년 일본의 히라세 사쿠고로였다. 그러니 인간이 은행나무의 수정 과정을 안 것은 고작 120년에 불과하다. 이러한 사실은 그만큼 인간이 은행나무에 대해 무지했다는 것을 증명한다. 특히 은행나무의 수정 과정은 다른 나무와는 방식이 전혀 다르다.

은행나무는 정자를 통해서 수정이 이루어진다. 히라세 사쿠고로가 발견한 것이 바로 은행나무의 정자였다. 은행나무는 식물 중에서 아주 드물게 정자를 가지고 있다. 게다가 은행나무의 수정 기간은 지구상의 식물 중에서 가장 긴 3개월이다. 이처럼 은행나무의 사랑 기술은 다른 나무와 차원이 다르다. 일본 동경대학교 부설 '고이시카와식물원'에는 은행나무에서 정자를 발견한 기념 나무가 살고 있다. 나는 이곳의 은행나무에서 열매를 보았다.

은행나무의 남다른 사랑 기술은 다른 식물들이 도저히 흉내 낼 수 없는 경지다. 은행나무의 수정은 3개월이라는 엄청난 시련을 통해서 완성된다. 기업의 기술력도 은행나무의 삶에서 배울 수 있다. 기술력을 선도하기 위해서는 기업만의 방식이 필요하다. 그러나 대부분의 기업들은 선진 기업의 기술을 모방하는 데 익숙하다. 더욱이 우리나라에는 꾸준한 투자도 하지 않고 그때그때 임기응변으로 대처하는 기업이 즐비하다.

적지 않은 기업들이 기술개발에 투자할 여유 자본이 없다는 핑계를 댄다. 그러나 은행나무는 그 어떤 경우에도 핑계를 대지 않는다. 은행나무는 지금까지 그 누구에게도 기대지 않고 오로지 자신을 믿었다. 득히 은행나무는 다른 나무들이 방계(傍系)를 만든 것과 달리 어떤 위기에서도 쓰러지지 않는 힘을 기르는 데 집중했다.

기업의 기술력 확보 방법도 은행나무의 삶과 다르지 않다. 특히 무한경쟁시대의 기업은 자기만의 기술력을 갖지 않으면 결코 살아남을 수 없다. 어떤 기업도 따라올 수 없는 기술력을 갖기 위해서는 오랜 기간 동안 한 분야에 집중적으로 투자해야 한다. 이쪽저쪽 기웃거리다가는 한순간에 경쟁력을 잃고 생존조차 힘들어질 것이다.

하루살이를 포함해서 어떤 생명체든 장수를 바란다. 기업도 마찬가지다. 누구든 장수기업을 꿈꿀 테지만 마음먹은 대로 이룰 수 없다. '살아 있는 화석'으로 평가받는 은행나무의 장수 비결은 무엇일까. 은행나무의 장수 비결은 자신만의 기술을 갖기 위해 목숨을 거는 자세에 있다. 은행나무가 자신만의 생존 전략을 가질 수 있었던 것은 1억 년 이상 쉼 없이 '삶의 기술'을 만들었기 때문이다. 인간은 이 기간 동안 은행나무의 고통이 어느 정도였는지를 짐작조차 할 수 없다. 더욱이 은행나무는 자신만의 기술을 만드는 과정에서 끊임없이 변화에 적응했지만 모든 에너지를 한곳으로 집중했다. 은행나무가 자신의 에너지를 다른 곳에 분산했다면 상상조차 불가능한 혹독한 시련기를 견디지 못했을 것이다.

담장의 틈에서 자라는 향나무

가장 낮은 곳이나 가장 어려운 조건에서
살아간다고 해서 불행한 것은 아니다.

———

● 삶은 장소에 따라 크게 달라진다. 환경이 모든 것을 결정하는 것은 아니지만 조건에 따라 삶이 달라지는 것을 부정할 수는 없다.

중국 전국시대 초나라 출신의 이사(李斯)는 환경을 바꿔서 소위 출세한 사람이었다. 그는 초나라의 관청 말단으로 일하다가 어느 날, 화장실에 가서 크게 깨달음을 얻고 당시 강대국으로 부상한 진나라로 갔다. 그는 화장실 입구의 곡간에 사는 쥐와 화장실에 사는 쥐의 삶이 환경에 따라 다르다는 것을 깨달았다. 곡간의 쥐는 사람이 가는데도 놀라지 않고 곡식을 먹고 있는 반면, 화장실의 쥐는 화장실에서 똥을 먹다가도 사람이 가면 크게 놀라서 숨어버린다.

이사는 화장실에서 볼일을 보다가 쥐의 삶을 생각했다. 그는 같은 쥐라도 어디에 사느냐에 따라 삶이 달라진다고 생각했다. 이 이야기는 중국 한나라 사마천의 《사기열전》 중 〈이사열전〉에 나온다.

나무도 어디에 사느냐에 따라 삶이 달라진다. 어떤 나무는 아주 넓은 공간을 차지하고 있는가 하면 어떤 나무는 아주 비좁은 곳에서 살아간다. 아주 비좁은 공간에 살아가고 있는 나무 중에는 경남 밀양시 부북면의 추원재 향나무가 있다.

추원재는 점필재 김종직의 생가다. 이곳의 향나무는 추원재 서쪽 담 사이에 살고 있다. 이곳의 향나무가 어쩌다 그런 곳에서 살고 있는지 알 수는 없지만 나무의 나이로 보면 상당히 오랜 기간 동안 그곳에서 살았을 거라 짐작된다.

향나무는 성리학자의 공간에서 흔히 볼 수 있는 나무다. 우리나라 성리학자의 공간에 향나무를 심는 것은 공자가 직접 심은 향나무가 중국 산동성 곡부 공부(孔府)에 살고 있기 때문이다. 대구시 동구 둔산동 옻골의 보본당 사당 앞 담장 사이에도 향나무가 한 그루 살고 있다. 이곳의 향나무도 추원재의 향나무와 비슷한 공간에 살고 있는 셈이다.

추원재와 보본당의 향나무는 삶의 환경이 아주 좋지 않지만 그런 환경 속에서도 죽지 않고 살아가고 있다. 사람도 넓은 공간에 살아가기도 하지만 한 사람의 몸을 겨우 뉘일 수 있는 공간에 살기도 한다.

나도 학부와 대학원 시절, 그리고 결혼 초기에 아주 열악한 환경에

나 무 예 찬

서 살았다. 특히 대학원 시절에는 부모의 도움을 받을 수가 없는 처지여서 겨우 몸만 가눌 수 있는 다락방 같은 곳에서 보냈다. 나는 그런 가운데서도 신문을 스크랩하면서 공부했다. 그러나 생활비가 떨어지자 붓글씨로 신문의 제목을 쓰면서까지 정성을 들였던 엄청난 양의 신문을 폐지로 팔아넘겨야만 했다. 리어카에 신문을 싣고 폐지공장까지 가는 발걸음이 그렇게 무거울 수 없었다. 폐지로 얻은 돈은 고작 몇 푼에 불과했지만 그 돈마저 없다면 굶을 판이었다. 나는 집으로 돌아와 텅 빈 방 안을 보면서 울었다.

나의 젊은 시절은 추원재와 보본당의 향나무처럼 언제나 틈새 인생이었다. 한 번도 마음 놓고 생활하지 못했다. 언제나 돈에 급급했고, 농사일에 지쳐 있었다. 그래서 길을 가다 혹은 산에 오르다가도 바위나 구석에서 살아가는 나무를 보면 발걸음을 멈춘다. 기를 펴지 못하고 구석에서 살아가는 모습을 보면 나의 지난날이 떠오르기 때문이다. 그러나 나는 크게 걱정하지 않는다. 내가 그런 조건에서도 잘 견디면서 지금까지 살고 있듯이, 나무들도 자신의 힘으로 충분히 어려움을 이기리라 믿기 때문이다.

이 땅의 많은 사람들도 추원재와 보본당의 향나무와 비슷한 처지에서 살아가고 있다. 그러나 가장 낮은 곳이나 가장 어려운 조건에서 살아간다고 해서 불행한 것은 아니다. 나는 어려운 시절을 경험했지만 결코 불행하지 않았다. 나의 기억 속에는 불행이라는 단어가 남아 있지 않다.

불행은 어려운 조건에서 오는 것이 아니라 삶을 포기하는 데서 온다. 나는 맹자의 다음 말을 무척 애용한다.

맹자가 말했다.
"스스로 자기를 해치는 사람과는 이야기할 수 없다. 스스로 자기를 버리는 사람과는 일할 수 없다. 말로 예의를 비난하는 것을 스스로 자기를 해치는 것〔自暴〕이라고 하며, 내 몸이 인(仁)에 거하고 의(義)에 따르지 못하는 것을 스스로를 버리는 것〔自棄〕이라고 한다. 인은 사람의 편안한 집이고, 의는 사람의 올바른 길이다. 편안한 집을 비워 두고 살지 않고 바른 길을 버리고 행하지 않으니 안타까운 일이다."

맹자는 말로 예의를 비난하거나 인과 의에 따라 살지 않는 것을 자포자기라 생각했다. 자신을 해치면서 사랑하지 않는 자야말로 세상에서 가장 위험하며 불행하다. 나는 현재 젊은 날의 어려운 시간을 보약으로 삼고 있다. 가장 낮은 곳에서 살아본 경험은 그 어떤 것과도 바꿀 수 없는 자산이다.

차나무가 알려주는
삶의 전략

나무들은 일 년 동안 꽃과 잎과 열매를 만드는 과정에서
무엇이 문제였는지를 정확하게 판단한다.
그래야만 다음 해에 같은 실수를 반복하지 않기 때문이다.

———

● 나무는 브라만[梵]이자 아트만[我] 즉 '우주의 본
체와 인간이 하나'라는 사실을 실천하는 존재다. 나무는 '근본(根本)'
을 세워 자신의 삶을 전개한다. 근본은 뿌리다. 뿌리는 나무가 살아가
는 데 필요한 모든 것을 조정하는 사령부다. 나무의 뿌리는 잎을 통해
얻은 빛을 저장하면서 자신이 어떻게 살아갈지를 계획한다. 그러나
인간은 얼마 전까지만 해도 나무의 이러한 삶의 전략을 구체적으로
밝히지 못했다.

누구나 한 해를 마무리하면서 새해를 설계한다. 나무도 그 어떤 존
재보다 치열하게 전략을 짠다. 나무가 다른 존재보다 치밀하게 전략
을 짜는 이유는 예상할 수 없는 일이 엄청나게 많이 발생하기 때문이
다. 나무는 동물과 달리 같은 공간에서 모든 것을 해결해야만 한다.

그래서 나무는 다른 존재들보다 경우의 수를 훨씬 많이 예상하면서 전략을 세운다. 그러나 나무처럼 다가올 경우의 수를 예상하더라도 어려움을 완전히 피할 수 있는 존재는 없다. 따라서 나무의 전략은 복잡하기보다는 아주 단순하다.

세상에서 가장 훌륭한 전략은 자신의 능력을 최대한 발휘할 수 있는 방법을 실천하는 것이다. 나무는 결코 능력 밖의 일을 기획하지 않는다. 혹 능력 밖의 일을 기획하지 않는다고 해서 도전하지 않는 것으로 오해하면 곤란하다. 도전은 현실 가능한 일에만 해당하는 것이고, 능력 밖의 일은 도전의 대상이 아니다. 따라서 능력 밖의 도전은 오히려 파국을 맞을 수도 있다.

차나뭇과의 차나무는 다른 나무에 비해 독특한 삶을 살아간다. 중국 원산의 차나무는 열매와 꽃을 동시에 볼 수 있기 때문이다. 그래서 차나무의 다른 이름이 열매와 꽃이 서로 만난다는 뜻을 가진 '실화상봉수(實花相逢樹)'다.

차나무처럼 열매와 꽃이 서로 만나는 나무 중에서는 소나뭇과의 개잎갈나무를 들 수 있다. 꽃이 피면 잎이 없고, 잎이 나면 꽃이 없는 수선화과의 상사화(相思花)와 달리, 차나무가 열매와 꽃을 동시에 만드는 것은 치밀한 성격 때문이다. 모든 생명체는 후손을 남기는 것을 삶의 근본 목표로 삼는다. 자신의 종(種)이 살아남기 위해서는 후손이 필요하기 때문이다. 생명체마다 후손을 남기는 방법은 아주 다양하지만, 차나무는 예민하고 치밀해서 자신이 만든 종자를 직접 보고서야 다시 꽃을 피운다.

차나무의 이러한 삶의 방식은 인문학적인 관점에서 보면 '성찰'에 해당한다. 차나무는 자식을 만들어 땅에 떨어뜨리기 전에 앞으로 손자로 성장할 꽃을 피워서 즐거운 시간을 보낸다. 차나무가 같은 시간대에 열매와 꽃을 동시에 유지하는 것은 무척 힘든 일이다. 차나무가 이처럼 힘든 과정을 거치는 것은 열매의 상태를 보고서 앞으로 어떻게 후손을 만들 것인지를 판단하기 위해서다. 차나무의 독특한 삶의 방식이야말로 인간이 차를 좋아하는 이유다. 독특한 삶은 자신만의 길이다. 자신만의 길은 언제나 고통이 따르지만 고통이 없이는 결코 아름다운 모습을 만들 수 없다.

개인은 물론 기업도 연말에 새해의 전략을 짜느라 분주하다. 기업의 미래는 연말에 얼마나 치밀하게 계획을 마련하느냐에 달렸다. 차 나무처럼 지난 한 해 동안의 업적을 면밀하게 분석만 해도 절반은 성공한 셈이다. 그렇지 않고 무턱대고 청사진을 마련한다면 나무가 비바람에 쓰러지듯이 기업도 오래 버티지 못할 것이다. 아울러 현재의 경기에 지나치게 민감하게 반응하다가 정상적으로 계획을 세우지 않고 소극적인 태도로 계획을 세우다간 몇 년 후 크게 후회할 것이다.

나무들의 전략은 아주 세밀하다. 잎과 꽃은 뿌리에서 이루어지는 나무들의 전략이 어떤 모습으로 드러나는지를 알 수 있는 중요한 요소다. 나무 중에는 잎보다 꽃을 먼저 피우는 경우도 있고, 꽃보다 잎을 먼저 만드는 경우도 있다. 나무들의 이러한 전략은 후손을 만드는 데 무엇이 유리할지를 고려한 결과다.

잎보다 꽃을 먼저 피우는 나무 중에는 매실나무, 살구나무, 복사나무, 배나무, 자두나무, 조팝나무, 벚나무, 앵두나무, 아그배 등을 들 수 있다. 이러한 나무들은 모두 장미과라는 특징을 갖고 있다. 장미과의 나무들이 잎보다 꽃을 먼저 피우는 것은 가을이 오기 전에 빨리 열매를 만들어야 하기 때문이다. 꽃을 먼저 피우는 나무들은 한꺼번에 절대 꽃을 피우지 않는다. 그러다간 죽음을 맞이하기 때문이다. 그래서 나무들은 어느 가지에서 꽃을 피울지를 선택한다. 봄에 나무의 꽃을 보면 그 전략을 확인할 수 있다.

장미과의 나무들이 빨리 열매를 만들 수밖에 없는 것은 에너지의 총량 때문이다. 장미과의 나무들은 꽃을 화려하게 피우는 특징을 갖고 있다. 그래서 사람들이 봄에 장미과의 꽃을 즐긴다. 그러나 나무의 입장에서 보면 화려한 꽃을 많이 피우느라 무척 힘들 수밖에 없다. 꽃을 먼저 피우는 나무들은 작년에 뿌리에 저장한 에너지를 사용할 수밖에 없어서 수명이 다른 나무들에 비해 길지 않다.

꽃보다 잎을 먼저 만드는 나무들 중에는 느티나무, 팽나무, 탱자나무, 아까시나무, 튤립나무 등을 들 수 있다. 나무가 꽃보다 잎을 먼저 만드는 것은 잎을 통해 얻은 에너지를 사용하겠다는 전략이다. 이러한 나무들은 꽃을 먼저 피우는 나무들보다 굳이 뿌리에 많은 에너지를 저장할 필요가 없다. 그래서 잎을 먼저 피우는 나무들은 겨울에 꽃을 먼저 피우는 나무들보다 몸이 가볍다. 잎을 먼저 피우는 나무들도 순서에 따라 잎을 만들기 때문에 나무들마다 잎이 돋는 순서가 다르다. 그 이유는 자신의 몸 상태를 점검한 후 순서를 정하기 때문이다.

기업의 성공도 전략을 어떻게 실현할 것인가에 달렸다. 생산이든 판매든 투자를 어떻게 결정하는가에 따라 성공을 가늠할 수 있기 때문이다. 기업의 흥망성쇠의 역사를 살펴보면 적재적소의 투자 선택이 중요하다는 것을 알 수 있다. 기업가의 선견지명은 결국 투자의 선택에서 확인할 수 있다. 요즘 기업들은 미래의 먹을거리를 찾기 위해 혈안이다. 과연 어디에 투자해야만 성공할 수 있을지 머리를 싸매고 고민 중이다. 그러나 답은 언제나 멀리 있지 않고 가까운 곳에 있다. 인간이 과연 어떤 존재인지를 정확하게 판단하면 답을 찾을 수 있다. 자신이 누구인지를, 어떤 상태에 놓여 있는지를 정확하게 판단하는 능력만으로도 답을 충분히 찾을 수 있다.

나무는 결코 다른 존재에게 답을 구하지 않는다. 오로지 자신에게 답을 구할 뿐이다. 그래서 나무는 인간보다 훨씬 오래전부터 존재했고, 오랫동안 생명을 유지한다. 나무들이 어떻게 1만 년 이상을 살아갈 수 있을까를 한번 상상해 보라.

나무들은 꽃을 먼저 피우든 잎을 먼저 만들든 열매를 만든 뒤에는 떨어뜨려야만 한다. 갈잎나무들은 열매만이 아니라 잎도 떨어뜨려야만 한다. 그러나 떨어뜨리는 데도 순서가 있다. 나무들은 꽃을 피우는 순서, 잎을 만드는 순서, 열매를 떨어뜨리는 순서, 잎을 떨어뜨리는 순서를 정확하게 기억하고 있다. 아울러 나무들은 일 년 동안 꽃과 잎과 열매를 만드는 과정에서 무엇이 문제였는지를 정확하게 판단한다. 그래야만 다음 해에 같은 실수를 반복하지 않기 때문이다. 나무의 경우 해마다 맺는 열매가 다른 것은 건강 상태가 해마다 다르기 때문이기도 하지만 스스로 조절하기 때문이다.

연말은 다음 해의 전략을 준비하는 시간이기도 하지만 한 해의 성과를 점검하는 시간이기도 하다. 이때 대부분의 나무들은 한 해를 정리하는 시간을 갖는다. 그러나 차나무는 그때서야 열심히 꽃을 피우면서 한 해를 준비한다. 이처럼 나무들은 다른 사람의 삶과 비교하지 않으면서 자신만의 길을 걷는다. 그러나 무한경쟁만을 외치는 현대사회는 늘 상대를 의식하길 강요한다. 그래서 현대인들의 삶은 피곤의 연속이고, 대한민국의 국민들은 행복한 삶만 꿈꿀 뿐 누리지 못한다. 나무 같은 삶이 곧 행복한 삶의 지름길이다.

Part 3

상 · 생 · 하 · 다

더불어 사는 나무의 삶

나무는 묵묵히 자신의 자리에서 다른 존재와
협력하면서 살아가는 것이 진정한 행복이라 믿는다.

———

● 식물학자들은 여러 가지 기준으로 나무의 특징을 설명한다. 키도 중요한 기준 중 하나다. 나무는 큰키나무와 작은키나무로 나눈다. 두 종류의 기준은 10미터다. 즉 다 자란 키가 10미터 이상이면 큰키나무이고, 그 이하면 작은키나무다. 큰키나무를 한자로 표현하면 교목(喬木), 작은키나무를 한자로 표현하면 관목(灌木) 혹은 총목(叢木)이다. 작은키나무는 우리말로 '떨기나무'라 부른다. 식물학자들은 큰키나무와 작은키나무의 중간 정도까지 자라는 나무를 중간키나무 혹은 소교목이라 부른다. 중간키나무는 6~10미터 사이의 나무다.

사람들도 큰 키와 작은 키를 기준으로 한 존재를 평가하여 종종 우리나라 남자와 여자의 평균 키를 공포한다. 적지 않은 사람들이 결혼

이나 연애할 때 키를 중요한 기준으로 삼는다. 지금도 많은 사람들이 키 때문에 고민하거나 상처를 받는다. 그런데 대부분의 사람들이 큰 키를 선호한다. 왜 사람들은 큰 키를 선호할까. 우선 겉모습에 마음이 끌리기 때문이다.

인간은 태어나면서부터 큰 키를 선호하지 않았다. 인간이 큰 키를 선호하는 것은 진화 과정의 산물에 불과하다. 나는 나무를 공부하기 전까지 스스로 삭은 키리 생각하면서 심한 콤플렉스에 사로잡혀 살았다. 내가 작은 키에 시달린 것은 키가 삶의 절대 기준인 것처럼 착각했기 때문이다.

나무의 삶을 관찰하면서 '존재의 키'는 크거나 작은 것이 아니라 그 자체의 키라는 것을 깨달았다. 그래서 나는 거의 40년 만에 '나의 키'를 깨달았다. 나의 키는 크거나 작은 것이 아니라 그 자체의 키를 의미한다. 나무는 절대 상대방의 키를 의식하지 않고 살아간다. 인간도 자신의 키를 인정하는 순간 콤플렉스에서 벗어날 수 있고, 콤플렉스에서 벗어나면 에너지를 무한으로 사용할 수 있다.

식물학자들이 정한 나무 크기의 기준은 인간이 식물을 일방적으로 평가한 것에 지나지 않는다. 반드시 떨기나무가 10미터 이하로만 자라는 것은 아니기 때문이다. 식물학자의 분류 기준은 나무들의 평균적인 삶을 강조한 것이지 특수 조건을 충분히 고려한 것은 아니다. 실제로 떨기나무로 분류한 나무 중에는 10미터 이상 자라는 나무도 있다.

소나뭇과의 반송은 5미터 정도 자라는 전형적인 늘푸른떨기나무다. 그러나 경북 구미시 독동의 반송(천연기념물 제357호)은 높이가 13미터다. 경북 상주시 화서의 반송(천연기념물 제293호)은 16미터가 넘고, 경북 청도군 매전면 처진소나무(천연기념물 제295호)는 14미터다.

나는 쥐똥나무라는 별명을 갖고 있다. 물푸레나뭇과의 갈잎 쥐똥나무는 떨기나무다. 쥐똥나무는 열매가 익으면 '쥐의 똥'을 닮았다고 해서 붙여진 이름이다. 나는 나무를 처음 공부할 당시 쥐똥나무의 이름에 대해 약간 반감을 갖고 있었다. 왜 하필 생명체의 이름에 더러운 똥을 사용했는지 의아했기 때문이다. 그 당시에는 식물학자들이 나무를 모독했다고 생각했는데 나무를 점차 깊게 공부하면서 식물학자들이 붙인 쥐똥나무의 이름에서 나름의 철학을 발견했다.

나는 문득 옛날 우리 조상들이 귀한 존재에게 천한 이름을 붙인 관행을 생각했다. 그런 관행은 귀할수록 일반화해야 장수한다는 믿음 때문에 생긴 것이었다. 식물학자들이 쥐똥나무의 이름을 붙일 때 그런 관행을 생각했는지 여부는 전혀 중요하지 않다. 북한에서는 쥐똥나무를 '검정알나무'라 부르는데 쥐똥나무의 익은 열매가 검정콩을 닮았기 때문이다. 이처럼 같은 나무의 열매인데도 다른 이름으로 표현하는 것은 나무를 바라보는 시각이 다르기 때문이다.

떨기나무의 삶은 각각 달라서 떨기나무의 삶을 일반화하는 것은 매우 위험하다. 다만 우리 주변에서 살아가는 떨기나무의 모습을 통해

그들의 삶을 배우는 것은 유익한 일이다. 나는 강연이 끝난 후 적잖은 질문을 받는다. 청중들은 꼭 내가 왜 쥐똥나무라는 이름을 가졌는지를 묻는다. 사람이 나무 이름을 갖고 있는 것만으로도 듣는 사람을 낯설게 한다. 자신을 누군가에게 낯설게 하는 것은 매우 흥미로운 일이다. 누군가에게 늘 익숙한 존재는 금세 싫증이 나지만 낯설게 하는 존재는 끊임없는 호기심을 자극하기 때문이다.

나는 쥐똥나무라는 이름을 가진 후부터 쥐똥나무의 삶과 나의 삶을 일치시키는 작업을 시작했다. 그러나 내가 쥐똥나무의 삶을 이야기하는 것은 쥐똥나무와 전혀 상관없는 일이다. 쥐똥나무는 한 번도 자신의 삶에 대해 정의한 적이 없기 때문이다.

현재 우리가 흔히 만날 수 있는 쥐똥나무의 삶은 '생울타리용'이다. 내가 살고 있는 아파트 안에도 쥐똥나무로 만든 울타리가 있어서 나는 매일 쥐똥나무와 마주하면서 살아간다. 그런데 많은 사람들은 쥐똥나무가 왜 생울타리로 살아가는지에 대해서 잘 알지 못한다. 왜냐하면 생울타리용의 쥐똥나무는 키가 작아서 특별히 관심을 갖지 않으면 눈에 잘 들어오지 않기 때문이다.

나는 나무를 공부하기 전까지 누군가에게 관심을 받은 적이 없었다. 지구상에 살고 있는 절대다수의 사람들은 가족을 제외하면 평생 누구에게 큰 관심을 받지 않고 살아간다. 그러나 누군가에게 큰 관심을 받지 않고 살아가는 자야말로 이 세상을 움직이는 주인공이다.

떨기나무의 삶에서 가장 중요한 것은 '더불어 사는 삶'이다. 떨기나무는 독립수로 살기보다는 서로 의지하면서 살아가는 존재를 뜻한다. 생울타리용의 쥐똥나무는 혼자서는 큰 역할을 하지 못하지만 여러 존재들이 더불어 살면서 '울타리'를 만든다. '우리'라는 단어도 '울타리'를 뜻한다.

떨기나무는 이 세상에서 가장 키가 큰 120미터의 나무나 우리나라에서 가장 키가 큰 경기도 양평 용문사의 47미터 은행나무(천연기념물 제30호)에 비하면 정말 보잘것없는 존재로 보일 수 있다. 떨기나무가 독립수로 살아갈 수 있는 능력이 없어서 그렇게 살아가는 것은 아니다. 떨기나무도 충분히 독립수로 살아갈 수 있는 능력을 갖추고 있다. 그러나 떨기나무는 성장은 좀 더디더라도 더불어 살아가는 것이 오히려 삶에 큰 도움이 된다는 것을 알고 있는지도 모른다.

우리나라 소나무 중에서 가장 나이가 많았던 충북 괴산군 삼송리 왕소나무(천연기념물 제290호였으나, 강풍으로 쓰러져 천연기념물 지정 해제됨)는 많은 사람들의 사랑을 받았지만 태풍으로 쓰러져 죽고 말았다. 나는 왕소나무가 죽기 전까지 열 번 정도 직접 만났다. 왕소나무가 태풍에 쓰러진 것은 많은 나이와 몸의 불균형 등 여러 요인이 있었지만 주변에 왕소나무를 보호할 다른 나무들이 없었던 것도 한 원인이었다. 반면에 떨기나무는 혼자서는 결코 돋보이는 삶이 아니지만 어지간한 위기에서도 견딜 수 있는 힘을 갖고 있다. 떨기나무의 삶은 사람이 일부러 죽이지 않는 한 어떤 경우에도 왕소나무처럼 쓰러지지 않는다.

떨기나무의 협력은 드러나지 않으면서도 드러나게 하는 힘을 보여 준다. 진정한 협력은 수평의 관계에서만 성공할 수 있다. 떨기나무는 오로지 각각의 역할에만 몰두하고, 각각의 역할을 존중하면서 살아갈 뿐이다. 내가 떨기나무 쥐똥나무를 이름으로 삼은 것도 평생 잘 드러나지 않으면서도 묵묵히 자신의 자리에서 다른 존재와 협력하면서 살아가는 것이 진정한 행복이라 믿기 때문이다.

나무의 소리에 귀를 기울이자

한 그루 나무의 소리를 듣는 것은
곧 나무의 삶에 진정으로 다가가는 시간이다.

———

● 나무는 봄을 느끼는 자가 아니라 봄을 만드는 자다. 봄철이면 자주 듣는 음악 중 하나가 요한 슈트라우스의 작품 중 〈봄의 소리〉 왈츠다. 음악 중 플루트가 새소리를 낸다. 그러고 보면 새소리는 봄을 알리는 소리다. 물론 봄이 아니어도 새소리를 들을 수 있지만 봄에 듣는 새소리는 다른 계절보다 더 정겹게 들린다. 동요 중 〈봄의 소리〉는 봄을 어떻게 맞아야 하는지를 알려준다.

가만히 가만히 귀 기울여 들어봐요
골짜기마다 들리는 봄의 메아리
가만히 가만히 두 눈 감고 들어봐요
연둣빛 향기 가득한 봄의 이야기를

살랑살랑 봄바람이 살짝 입 맞추면

골목마다 피어나는 아이들의 웃음소리

가만히 가만히 우리 함께 들어봐요

겨우내 모아 두었던 봄이 오는 소리

봄의 소리를 듣기 위해서는 귀를 기울여야 한다. 귀를 기울이면 골짜기에서 봄의 메아리가 들리기 때문이다. 봄의 소리를 듣기 위해서는 눈을 감아야 한다. 눈을 감으면 연둣빛 향기 가득한 봄의 이야기를 들을 수 있다.

봄의 이야기는 나무에서 돋는 연둣빛 이파리가 만든다. 나는 빛 중에서 '연둣빛'을 가장 좋아한다. 마치 아름다운 공주가 멋진 왕자의 입술이 닿는 순간 잠에서 깨어나듯, 연둣빛 이파리는 살랑살랑 부는 바람의 입맞춤으로 돋아난다. 봄철 나무의 연둣빛 이파리를 본 사람들은 그 감동의 물결을 감당하지 못해 토끼처럼 깡충깡충 뛸 것이다.

노래 가사 중에서 바람의 입맞춤으로 연둣빛 이파리가 돋으면 '골목마다 피어나는 아이들의 웃음소리'가 메마른 가슴을 적신다. 아이들의 웃음소리도 연둣빛 이파리가 돋는 것만큼 싱그럽고 사랑스럽기 때문이다. 동네마다 아이들의 웃음소리가 들리지 않는다면 죽음의 마을이다.

현재 대한민국은 골목마다 아이들의 웃음소리가 사라진 나라로 전락했다. 아이들의 웃음소리는 나무 위의 새소리와 같다. 나무가 없다면 새가 둥지를 만들기 어렵고, 둥지를 만들지 못하면 새가 알을 낳을 수 없다. 우리나라는 현재 둥지를 잃은 새와 같은 형국이다. 봄의 소리는 혼자서가 아니라 조용히 함께 들어야 한다. 누군가가 옆에서 떠들면 진정한 봄의 소리를 들을 수 없다.

나는 1학기 수업이 끝날 무렵이면 어김없이 학교 뽕나무 밑으로 간다. 그곳에는 수없이 많은 뽕나무의 열매인 오디가 떨어져 있다. 검게 익은 오디는 땅에 떨어져 바닥을 검게 물들이지만 사람들은 오디가 떨어진 줄도 모르고 밟고 지나간다. 내가 이곳을 찾는 것은 '오디'를 가지고 '오디오'를 듣기 위해서다. 학생들은 나의 발상에 경악한다. '아재 개그'의 전형을 직접 눈으로 보고 있기 때문이다. 이처럼 보통 사람들은 낯선 행동을 접하면 흥미를 갖기보다는 밀어내는 데 익숙하다. 나는 나무를 공부한 후 학생들의 이러한 반응을 자주 만났기 때문에 대수롭지 않게 여긴다. 대신 학생들의 반응을 무시하고 아주 신중하게 오디를 주워서 귀에 꽂는다. 오디가 오디오의 이어폰이 되는 순간이다. 오디와 오디오는 말의 장난이지만 그냥 장난이 아니라 뽕나무의 진실을 듣기 위한 놀이다. 장난과 놀이는 다르다. 우리나라 사람들은 아직 나무 놀이를 즐기지 못하고 그저 나무는 열매를 가져다주는 존재 정도로 이해하고 있다.

오디는 비극적인 사랑을 상징한다. 리나이우스가 붙인 학명(Morus alba Linnaeus) 중 '알바(alba)'는 '흰색'을 의미하고, '모루스(morus)'는 '흑(黑)'을 의미하는 캘트어 '모르(mor)'에서 유래했다. 뽕나무의 열매를 의미하는 지중해 지역의 단어인 모론(moron)은 불행을 뜻하는 '모로스(moros)'와 유사하다. 오디기 비극적인 사랑을 상징하는 사례는 로마의 시인 오비디우스(ovidius)가 전하는 퓌라모스와 티스베, 팔레몬과 바우키스에 얽힌 사랑 이야기다.

바빌로니아에 살고 있는 두 연인은 부모의 반대로 몰래 사랑을 나눈다. 옆집에 살고 있지만 두 사람은 볼 수도 포옹할 수도 없었다. 그래서 그들은 샘 옆에 있는 뽕나무 밑에서 만나자는 약속을 한다. 뽕나무에는 눈처럼 흰 열매가 주렁주렁 달려 있었기 때문에 남들의 시선을 피할 수 있었다. 어느 날 약속한 장소에 먼저 도착한 티스베는 물을 마시러 온 암사자를 발견하고 공포에 질려 자신의 베일을 떨어뜨린 채 도망쳤다. 사자는 그녀가 떨어뜨린 베일을 발견했다. 먹이를 잡아먹은 지 얼마 안 된 암사자는 피가 범벅된 입으로 티스베의 베일을 갈기갈기 찢는다. 한편 뒤늦게 도착한 퓌라모스는 사자가 남겨놓은 피 묻은 티스베의 베일을 보고 그녀가 죽었다고 생각했다. 그는 사랑하는 연인이 다시 살아날 수 없다는 사실에 비통해 하면서 칼로 자신의 심장을 찌른다. 그러자 피가 솟구쳐 올라 뽕나무 열매에 붉은 자국을 남겼다. 그 장소에 다시 온 티스베는 잠시 후 바닥에 길게 누워 있는 시체를 발견했다. 그것이 바로 자신의 연인이라는 것을 깨닫고 뽕나무에게 다음과 같이 말했다.

"나무여, 지금 그대의 가지로는 단 하나의 몸밖에 숨길 수 없지만 머지않아 두 개의 몸을 숨겨주소서. 우리 죽음의 표지를 거두어주시고, 영원히 죽음을 상징하는 슬픈 열매를 맺으소서. 이는 두 연인이 피로 그대를 적시는 것을 증명하는 것이리라."

그녀는 이렇게 말하고 퓌라모스의 더운 피가 아직 식지 않은 칼 위로 몸을 던졌다. 그녀의 기도는 신들을 감동시켰다. 그 후 뽕나무에는 검은색 열매가 열렸으며, 사람들은 연인의 시신을 화장한 다음 그 재를 한 항아리에 넣어주었다.

로미오와 줄리엣을 연상시키는 이 이야기는 뽕나무 열매인 오디가 처음 흰색에서 붉은색으로, 그리고 나중에 다시 검은색으로 바뀌는 것과 일치한다. 오디를 귀에 꽂으면 슬픈 사랑 이야기가 들린다. 이 같은 놀이가 '나무 놀이'다.

어린 시절의 나무 놀이는 나무를 이용한 놀이였다. 나도 어린 시절에 닥나무로 팽이채를 만들어 얼음 위에서 팽이를 돌리면서 겨울을 즐겁게 보냈고, 탱자나무를 잘라서 친구들과 손이 부어터질 때까지

자치기를 즐겼다. 특히 집 울타리였던 운향과의 탱자나무는 아주 단단해서 '칼싸움'의 도구로 적격이었다. 칼싸움은 나무의 크기를 배꼽 정도로 잘라 칼처럼 사용하면서 상대방의 몸에 먼저 닿으면 이기는 놀이다. 나는 또래보다 칼싸움을 아주 잘했으며 혼자서도 몇 명을 무찌를 만큼 기술이 좋았다.

칼싸움 놀이에서 지금도 잊을 수 없는 것은 봄과 여름 사이 달밤에 보리밭에서 싸웠던 일이다. 이 시기는 엎드리면 사람이 보이지 않을 만큼 보리가 자라기 때문에 숨어서 기습하기에 아주 적합하다. 물론 다음 날 보리를 망가뜨린 죄로 어른들에게 야단맞을 각오는 해야 한다. 그러나 메뚜기도 한철이듯이 보리밭에서 벌어지는 칼싸움도 한철이라서 어른들의 꾸지람은 어린 전사들의 놀이를 막을 수 없었다.

요즘도 나무를 이용하는 놀이가 유행이다. 숲 체험 학습 중에서 나무를 이용한 놀이는 빠지지 않는다. 그런데 한 가지 아쉬운 것은 듣는 놀이에는 큰 관심이 없다는 점이다. 솔방울을 줍거나 나뭇가지를 주워서 하는 놀이만큼 잎이 흔들리는 소리, 나뭇가지가 흔들리는 소리, 새가 나무에 앉는 소리 등 다양한 소리를 듣는 놀이가 절실하다.

오디오 놀이는 나무의 열매를 이용한 놀이라는 점에서 기존의 놀이와 크게 다르지 않지만, 보는 것과 듣는 것을 동시에 할 수 있는 계절 놀이다. 이처럼 나무는 사계절 내내 많은 놀이를 제공한다. 계절마다 듣는 놀이를 하면 '귀명창' 수준에 도달할 수 있다. 귀명창에 도달하는 방법은 오로지 많이 듣는 것이다. 나무를 만날 때마다 나무의 소리를 듣다 보면 자연스럽게 귀명창의 자격을 얻는다.

나무의 소리에 귀를 기울이다 보면 같은 장미과인 살구나무, 매실나무, 모과나무의 소리도 구분할 수 있을 것이다. 한 그루 나무의 소리를 듣는 것은 곧 나무의 삶에 진정으로 다가가는 시간이다.

나무를 우러러봐야 하는 이유

나무가 하늘의 소리를 들을 수 있는 것은 땅에 뿌리를 내리고 있기 때문이다.
하늘의 소리는 곧 땅의 소리다.

———

● 나무가 가장 낮은 곳에 뿌리를 내려 높은 곳을
향하는 것은 하늘의 소리를 듣기 위해서다. 그러나 나무가 하늘의 소
리를 듣기 위해 아무리 높게 올라가더라도 120미터를 넘을 수는 없
다. 지금까지 지구상에 살고 있는 나무 중에서 가장 키가 큰 나무가
120미터를 넘지 않기 때문이다.

나무가 120미터를 넘지 않는 것은 두 가지 이유다. 하나는 그 이상
크면 생존할 수 없기 때문이고, 다른 하나는 그 정도면 하늘의 소리를
충분히 들을 수 있기 때문이다. 그러나 나무는 120미터를 올라가든
1.2미터를 올라가든 키의 높이와 상관없이 하늘의 소리를 충분히 들
을 수 있다. 다시 말해 가장 낮은 곳에 있든, 가장 높은 곳에 있든 하
늘의 소리를 듣는 데는 아무 문제가 없다.

내가 나무를 좋아하는 것은 대부분의 나무를 우러러봐야 하기 때문이다. 누군가를 존경하면 우러러본다. 인생에서 우러러보는 존재가 많을수록 개인도 행복해질 뿐만 아니라 건강한 사회도 만들 수 있다. 반대로 인생에서 깔보는 존재가 많을수록 불행해질 뿐만 아니라 건강한 사회도 만들 수 없다. 우리나라는 안타깝게도 남을 깔보는 사람이 많은 사회다. 한국인들에게 평소 우러러보는 존재가 얼마나 있냐고 묻는다면 그 비율은 결코 높지 않을 것이다. 초등학교 교과서에 실린 〈스승의 은혜〉 중 1절에 우러러본다는 가사가 나온다.

> 스승의 은혜는 하늘 같아서
> 우러러볼수록 높아만 지네
> 참되거라 바르거라 가르쳐주신
> 스승은 마음의 어버이시다
> 아아 고마워라 스승의 사랑
> 아아 보답하리 스승의 은혜

가사 중에 '우러러볼수록 높아만 간다'는 대목이 나의 마음을 울린다. 우러러볼수록 높아 보이는 존재가 나무다. 나무가 존경받는 이유는 가장 낮은 땅에서 가장 높은 곳을 향하기 때문이다. 나무는 가장 낮은 곳에 발을 딛지 않고서는 결코 높을 곳을 향할 수 없다. 그러나 대부분의 인간은 높은 곳을 향하면 자신이 딛고 있던 가장 낮은 곳에

나 무 예 찬

서 발을 떼버린다. 이른바 '높은 자리'에 있는 사람들이 불행을 겪는 이유도 낮은 곳에서 발을 떼버렸기 때문이다. 낮은 곳에서 발을 떼는 순간 땅의 소리를 듣지 못한다.

나무가 하늘의 소리를 들을 수 있는 것은 땅에 뿌리를 내리고 있기 때문이다. 하늘의 소리는 곧 땅의 소리다. 나무의 삶이 곧 민심이고, 민심이 천심이라는 뜻의 본질이다. 나무의 소리, 즉 '목성(木聲)'은 위대한 지도자의 소리다. 그러나 우리나라 정치 지도자 중 나무의 소리를 듣는 사람은 찾아볼 수 없다. 그 이유는 나무의 소리를 듣는 순간, 반대자들의 등살에 살아남을 수 없기 때문이다. 만약 정치 지도자 중 나무의 소리를 듣는 사람이 있다면 당장 미신을 믿는 자라고 비난받을 것이다.

'제주산천단곰솔 군'은 우리나라의 대표적인 산신신앙을 보여준다. 현재 이곳의 곰솔은 천연기념물 제160호다. 소나뭇과의 곰솔은 껍질이 검어서 부르는 흑송(黑松)의 우리말이다. 이곳 8그루의 곰솔은 한라산신에게 제사를 지내는 산천단(山川壇)이다. 예부터 제주도에 부임하는 목사(牧使 : 고려와 조선시대 때 지방 행정 단위인 목에 파견되던 지방관)는 2월에 한라산 백록담에 올라가 산신제를 지냈지만, 날씨가 춥고 길이 험해 그때마다 제물을 지고 올라가는 사람들이 얼어 죽거나 부상을 당했다. 그래서 1470년(성종 1) 목사로 부임한 이약동(李約東)이 백록담 대신 지금의 위치에서 산신제를 지내게 했다.

산천단의 곰솔이 600년 동안 살 수 있었던 것은 사람들이 이곳의 곰솔을 스승으로 삼아 우러러보았기 때문이다. 그러나 현재 제주특별자치도의 목사에 해당하는 사람은 산천제를 주관하지 않는다. 그 이유는 산천단의 제사를 미신이라 믿기 때문이다.

나는 작년에 비 오는 날 산천단을 찾았다. 지구상 어디에서 이렇게 아름답고 멋진 제단을 발견할 수 있을까. 우리나라에는 제주도의 산천단과 같은 곳이 아직 많이 남아 있다. 지자체의 장들이 그곳을 잘 지키는 것만큼 중요한 일도 없다고 생각한다. 적어도 몇 백 년 동안 천심과 민심이 살아 숨 쉬고 있는 곳이기 때문이다.

산천단에는 반드시 나무가 살고 있다. 우리나라에 나무 없는 산천단은 존재하지 않는다. 산이 전체 면적에서 큰 비중을 차지하고 있는 우리나라의 경우 나무에 대한 신앙은 자연스럽게 생겼다. 그래서 단군(檀君)도 산신이 되었던 것이다. 우리 민족의 수호신인 산신도에서 반드시 등장하는 호랑이도 산과 밀접한 관계가 있다. 그래서 우리 민족의 삶에서 산과 나무는 목숨과도 같다. 나무의 숨, 즉 '목(木)숨'이 곧 우리 민족의 목숨을 유지하는 셈이다.

태양계에는 나무의 별, 즉 목성(木星)이 있다. 목성은 태양계의 다섯 번째 궤도를 돌고 있으며 태양계에서 가장 큰 행성이다. 오행사상에 맞춰 만든 목성은 여러 개의 위성을 갖고 있다. 인간도 결국 나무의 위성에 불과하다. 나무가 움직이는 대로 움직이지 않거나 나무의 삶에 순응하지 않는다면 인간이 살아남을 방법은 없다. 그런데도 나무를 믿는 것이 미신이라고 한다면 나무를 만든 하느님을 모독하는 것과 같다. 나무는 곧 하느님이 창조한 분신이자 세상을 창조한 창조주의 가지이기 때문이다. 나무가 사라지면 곧 하느님도 존재할 수 없다.

우리나라는 언제쯤 한 그루의 나무를 심는 지도자를 만날 수 있을까. 우리나라는 언제 모든 행동의 시작과 끝을 나무와 함께하는 지도자를 만날 수 있을까. 나무라는 자연생태를 기반으로 지구상에 존재하는 수많은 생명체가 생존한다는 생태의식을 가진 지도자를 만날 수 있을까. 우리나라는 언제 '생태맹'에서 벗어난 '생태지도자'를 만날 수 있을까. 아마도 영원히 불가능할 것이다. 지도자는 곧 국민이기 때문이다. 이제 역사상의 지도자 같은 존재는 더 이상 필요하지 않다. 앞으로는 국민 한 사람 한 사람이 지도자인 시대라야 한다. 누가 누굴 지도한단 말인가. 언제까지 메시아를 기다릴 것인가. 우리 스스로가 메시아라는 것을 깨닫지 않고서는 국민이 바라는 세상은 오지 않는다. 그래서 우리 스스로 가장 낮은 곳에서 가장 높은 곳을 향하는 자세로 살아야만 한다.

나뭇잎의 마주나기

나무는 혼자서도 마주한다.
그러나 요즘 사람들은 둘이면서도 혼자다.

———

● '마주하기'는 내가 무척 좋아하는 단어다. 특히 사람과 사람이 마주하는 것을 좋아한다. 내가 말하는 마주하기란 눈을 맞추면서 서로 바라본다는 뜻이다. 그러나 요즘 사람과 사람 간에 마주하는 시간을 갖기란 무척 어렵다. 옛날에 비해 사람 외에 마주할 '신종'이 등장했기 때문이다. 바로 스마트폰이다. 스마트폰이 생기면서 사람과 마주하는 사람은 매우 드물다. 요즘 사람들은 사람과 만나면서도 거의 마주하지 않는다.

사람들끼리 모여 다니면서도 마주하지 않는다는 것은 윤리(倫理)가 사라졌다는 뜻이다. 윤리는 무리들이 지키는 법칙 같은 것을 의미한다. 그래서 윤리는 시대마다 다르지만 스마트폰이 등장하면서 요즘은 무리끼리 지켜야 할 법칙들이 거의 사라졌다. 대부분의 사람들은 다른 사람들의 눈치를 보지 않고 혼자서 스마트폰을 골똘하게 보기 때문이다.

열차 안은 윤리가 사라진 대표적인 현장이다. 나는 종종 먼 곳을 갈 때 열차를 이용한다. 열차를 타면 출발 전 혹은 이동 중간중간에 내 의지와는 상관없이 반드시 안내 방송을 들어야 한다. 안내 방송의 내용 중 대부분은 '스마트폰을 진동으로 해주시고, 전화를 받을 때는 열차 복도에 나가서 받기 바랍니다'이다. 그런 안내 방송을 한다는 것은 그만큼 열차 안에서 전화를 받는 사람이 많다는 뜻이다. 실제 열차를 이용하다 보면 자기 자리에서 전화를 받는 사람을 종종 발견할 수 있지만 안내 방송에 따르는 사람은 많지 않다. 안내 방송 직후에도 자신의 자리에서 전화를 받거나 전화벨이 울리는 경우가 적지 않기 때문이다.

상대방의 눈을 맞추면서 마주하면 마음대로 행동할 수 없다. 그러나 상대방을 바라보지 않으면 상대방을 의식할 필요가 없기 때문에 멋대로 행동할 가능성이 아주 높다. 내가 '멋대로'를 강조하는 것은 그런 행동이 자신만의 몫에서 끝나지 않고 여러 사람들에게 좋지 않은 영향을 주기 때문이다.

현대인들의 윤리 부재는 날로 심각할 것이다. 스마트폰은 자신이 듣고 싶은 것만 듣고, 보고 싶은 것만 보는 습관을 만들기 때문이다. 내가 아직도 스마트폰을 사용하지 않는 이유 중 하나도 스마트폰을 사용하는 순간 다른 사람 혹은 존재와 마주할 시간이 부족할 것을 염

려하기 때문이다. 내가 나무를 자주 만나는 것은 생명체와 마주할 시간을 많이 가지려는 노력이다.

　나뭇가지는 나무의 존재를 이해하는 중요한 방법 중 하나다. 나무마다 가지를 만드는 방식이 다르다. 나뭇가지는 마주 나는 것과 마주 나지 않는 것으로 나눌 수 있다. 그리고 나무의 절대다수는 가지가 마주 나지 않는다.

　나무 중에서도 층층나무는 가지가 마주 나는 대표적인 나무다. 층층나무의 이름도 가지가 마주 나서 붙인 이름이다. 소나뭇과의 잣나무도 가지가 마주나기에 가깝다. 가지가 마주 나는 나무는 나무 아래에서 위를 올려다보면 금세 알 수 있다.

　나뭇잎도 크게 마주나기과 어긋나기로 나눌 수 있다. 마주나기는 잎의 끝까지 마주 나는 것과 끝은 마주 나지 않는 것으로 나눌 수 있다. 잎의 끝까지 마주 나는 나뭇잎은 자귀나무 잎과 메타세쿼이아의 잎을 들 수 있다. 마주 나는 잎을 보면 정말 아름답다. 마주 나는 잎을 보면 나란히 손을 잡고 걷는 것처럼 정겹다.

　요즘 사람들은 나란히 걷되 혼자서 걷는다. 걸으면서도 스마트폰을 보기 때문이다. 발걸음을 맞춘다는 것은 그만큼 어려운 일이다. 세상에서 일어나고 있는 갈등의 대부분도 눈을 마주하거나 발걸음을 마주하지 않아서 생긴다. 사회 지도자의 중요한 몫은 사람들과 눈을 맞추며 그들과 발걸음을 함께하는 것이다.

내가 속한 사회에서도 날이 갈수록 사람들과 마주하는 시간이 줄어들고 있다. 각자 하는 일이 바빠서 서로 마주할 시간조차 없다. 나도 일주일 동안 만나서 눈을 마주하고 이야기하는 사람이 극히 드물다. 내가 만나는 사람이 적은 것은 이런저런 일로 바쁘기도 하지만 대화할 수 있는 사람이 거의 없기 때문이다. 대화는 마주하는 이야기지만 사람을 만나면 마주하는 이야기보다 일방적인 이야기가 대화를 주도한다. 왜냐하면 상대방의 이야기를 듣지 않고 자신의 이야기를 하는 데 급급하기 때문이다. 물론 오랜만에 만나면 하고픈 말이 많아서 일방적으로 이야기하겠지만 상대방의 인내에는 언제나 한계가 있다.

　나는 올해 들어 같은 분야를 전공하는 후배와 일주일에 한 번 정도 점심을 먹으며 눈을 마주하면서 대화를 나눈다. 후배라서 내가 이야기하는 양이 많지만 가능하면 말을 줄이기 위해 노력한다. 내가 후배와 나누는 이야기의 절반 이상은 나무와 관련한 내용이다. 그래도 후배가 나무에 점차 관심을 가지는 터에 이야기의 내용도 의미를 더하는 기분이다. 그러나 내 이야기를 듣는 상대방의 진정한 마음을 알지 못할 뿐 아니라 항상 나무 이야기도 재미난 것은 아니라서 조심하게 된다.

　나무는 혼자서도 마주한다. 그러나 요즘 사람들은 둘이면서도 혼자다. 나도 혼자지만 마주할 수 있는 마음만은 잃지 않으려고 자주 나무를 만난다. 사랑하는 사람과는 말하지 않고 그저 마주 보고만 있어도 좋다.

　현대인들이 서로 마주하면서도 눈을 맞추지 않는 것은 사람에 대한 사랑이 부족하기 때문이다. 사람과 마주하는 시간이 줄면 사람에 대한 사랑도 비례해서 줄어들 수밖에 없다. 생명에 대한 사랑이 줄어들면 인간의 삶과 미래는 암담해진다. 사람과 대면하는 시간이 적어지면 적어질수록 자신을 정확하게 바라보는 눈을 잃어버릴 가능성이 높다. 선승과 수도사들은 혼자면서도 언제나 자신의 내면과 마주했지만 현대인들은 스마트폰과 마주하면서도 자신의 내면과 마주할 시간은 갖지 않는다. 그래서 자신이 무엇을 하고 있는지, 무슨 생각을 하고 있는지 마음에 두지 않는다.

　지난 세월을 뒤돌아보면 부모님과 마주한 시간이 아주 짧았다는 생각에 가슴이 아프다. 이제 어머니는 돌아가셨기에 더 이상 마주할 수도 없다. 그래서 나는 고향에 가면 가능한 아버지와 눈을 마주치기 위해 손을 잡는다. 평생 아버지와 손을 마주한 시간도 손에 꼽을 만큼 적다. 농사일에 바빠서 조용하게 아버지와 손을 잡을 여유가 없었기 때문이다. 어머니도 마찬가지였다. 더욱 안타까운 것은 어머니를 임종할 즈음에서도 한동안 손을 잡을 수 없었다는 사실이다. 생전에 어머니의 손조차 마주 잡지 못했다니 이 얼마나 가슴 아픈 일인가. 세상에 가장 쉬운 것이 사랑하는 사람의 손을 잡는 일인데도, 어리석은 나는 그마저 자주 하지 못했다.

내가 사는 아파트 뒤편에는 여러 그루의 잣나무가 살고 있다. 나는 하루에 한 번 정도 그곳의 잣나무와 마주한다. 잣나무의 가지를 바라보면서 마주한다는 의미를 되새김질한다. 간혹 관리실에서 잣나무의 가지를 자를 때면 나의 팔이 잘린 듯 아프다. 관리실에서 잣나무의 가지를 자르는 이유는 가지가 길게 자라서 이웃의 잣나무와 부딪히기 때문이다. 아파트 정문 앞 버즘나뭇과의 버즘나무 가로수도 해마다 가지를 잘라버려 늘 가지를 뻗을 수 없다.

우리나라의 버즘나무 가로수는 가지를 마주할 기회를 완전히 박탈당하고 있다. 전국의 지자체들이 버즘나무 가로수의 가지를 차량 통행이 불편하다거나 전깃줄을 상하게 한다는 명분으로 무조건 잘라버리기 때문이다. 버즘나무의 가지가 잘려나가면 나무 위에 집을 짓고 살던 새들도 떠나야 한다. 그러면 우리는 버즘나무에 살고 있는 아름다운 새소리를 더 이상 들을 수 없다. 새소리 대신 차 소리만 요란하게 들릴 뿐이다. 가지가 잘린 나무는 더 이상 일상의 소음을 품어주지 못하기 때문이다.

인간은 스스로 마주할 시간과 기회를 박탈한다. 그러면서도 끊임없이 마주하지 못해 생기는 문제를 해결하기 위한 해법을 찾는다. 인간 소외는 아주 오랜 사회 문제지만 날이 갈수록 심화되고 있다. 소외 문제를 해결하는 방법은 사람과 사람, 사람과 생명체 간 마주하기다. 이제 '마주하기 프로젝트'라도 만들지 않으면 인간 스스로 문제를 해결할 수 없는 단계에 도달할지도 모른다. 마주하지 않으면 상대방의 마음을 읽을 수 없다. 그러나 앞으로 인간은 마음마저 기계로 읽을 수 있다고 믿을지도 모른다. 인간은 스스로 만든 기계와 마주하는 시간이 많을수록 수렁으로 빠져들지도 모른다. 그래서 나는 오늘도 나무와 마주하는 시간을 기쁘게 소비한다.

꽃들도 내려올 때를 안다

누구나 떨어져야 할 순간을 맞는다.
누구나 이별할 시간을 맞는다.
누구나 내려와야 할 시기를 만난다.

———

● 나는 떨어진 꽃잎 앞에 발을 멈춘다. 낙화는 우러러보던 나무를 굽어보게 한다. 나무의 꽃은 낱장으로 떨어지는 것도 있지만 통째로 떨어지는 것도 있다. 낱장으로 떨어지는 것은 가벼워서 바람에 날리지만 통꽃은 무거워서 땅바닥에 그냥 떨어진다. 통꽃 중에서도 동백꽃은 보는 사람의 가슴을 붉게 멍들게 한다.

동백, 꽃

숭고한 피멍
가슴 벅차
차마 바라볼 수 없는

젖,

망울

툭!

우주의 무게로 떨어져

부끄러운 잎술로

젖은 마음 말리는

낙화

주저앉아

눈물 펑펑 흘릴 때

말없이 곁에서

아픔 쓸어 담아

웃게 하는

붉은,

마음

목련꽃의 꽃잎은 낱장으로 떨어지면서도 거의 바람에 날아가지 않을 만큼 무겁다. 목련꽃은 매화, 살구꽃, 벚꽃과 달리 꽃받침이 없어서 꽃이 떨어진 자국이 아주 선명하다. 나는 순백의 목련꽃이 땅에 떨어진 모습을 보면서 꽃의 무게를 생각했다. 아직 한 번도 꽃의 무게를 저울로 달아보지 않았지만, 목련꽃이 풀에 떨어진다면 과연 풀은 어떤 심정일까. 혹 어떤 풀은 목숨을 잃을지도 모른다. 꽃의 무게가 아무리 가볍더라도 어떤 풀에게는 치명적일 수 있기 때문이다.

왕벚나무 꽃은 꽃잎이 크면서 아주 많기 때문에 낙화의 양도 엄청나서 약간 붉은색을 띠는 꽃잎이 떨어지면 '꽃비'처럼 내린다. 꽃비를 맞으면서 사랑하는 사람과 손을 잡고 긷기라도 힌다면 평생 잊을 수 없는 추억으로 남을 것이다. 왕벚나무의 낙화가 바람에 실려 한곳에 모이면 비단처럼 아름다운 이불로 바뀐다. 그곳에 누워서 하늘을 바라보면 지상의 낙원이 따로 없다. 꽃잎을 모아서 하트 모양을 만들어 함께 간 사람과 손을 잡고 기도라도 한다면 그곳이 바로 에덴동산인 것이다.

낙화가 바람에 날려 물가에 떨어지면 꽃들은 수상 여행길을 떠난다. 땅에만 살던 나무들이 물 위를 자유롭게 걸으면서 즐거운 시간을 보내는 셈이다.

나는 가끔 꽃잎을 배로 삼아 유유히 떠도는 상상을 한다. 꽃배는 노를 저을 필요도 없이 바람에 몸을 맡기면 그뿐이다. 바람이 일러주는 대로 흘러가다가 꽃배가 살포시 뭍에 걸리면 하선의 아쉬움에 눈물이 날 것만 같다.

낙화를 즐기다가 탐스러운 꽃의 매력을 감당하지 못해서 꽃을 꺾으면 흥이 순식간에 사라진다. 한번은 야외 수업을 하고 있던 중에 여자

친구와 길을 가던 남학생이 여자친구를 위해 벚나무에 올라가서 꽃을 꺾는 장면을 보았다. 나는 고함을 치면서 야단을 쳤다. 상춘객 중에는 꽃을 꺾어서 귀에 꽂고 사진 찍는 사람이 많다. 그들 중 그 누구도 나무가 꽃을 피우는 데 도움을 주지 않았다. 그럼에도 꽃을 꺾었으니 강도나 다름없다.

낙화는 아픔만은 아니다. 나무는 낙화 없이는 열매를 맺지 못하기 때문이다. 그러니 떨어진다는 것이 오로지 나쁜 일만도 아니다.

누구나 떨어져야 할 순간을 맞는다. 누구나 이별할 시간을 맞는다. 누구나 내려와야 할 시기를 만난다. 그러나 발버둥 치면서 무작정 매달려 있는 자들이 있다. 나무는 떨어지는 법을 통해 성장하는 지혜를 얻는다. 인간은 낙화를 통해 내려오는 법을 배워야 한다.

나무에서 감동의 순간을 만나다

여유로운 삶은 일상에서 얼마나 감동하느냐에 달렸으며
일상의 행복은 횡적인 삶을 추구할 때 만들 수 있다.

―――――

● 모든 생명체는 태어나면서부터 행복해야 할 권리가 있다. 그래서 모든 생명체는 죽을 때까지 행복을 추구한다. 생명체마다 행복을 추구하는 방법은 다양하지만, 감동지수는 행복지수에 비례하기 마련이다. 그런데 우리나라 사람들의 행복지수는 아주 낮은 편이다. OECD 국가 중에서도 꼴찌를 겨우 벗어난 상황이다. 우리나라 국민의 행복지수가 낮은 것은 감동지수도 낮다는 것을 의미한다. 감동지수가 낮다는 것은 그만큼 평소에 감동할 일이 거의 없다는 뜻이다. 왜 우리나라 사람들은 평소에 감동할 일이 드물까.

감동지수는 대상의 가치화에 비례한다. 우리나라 사람들이 감동하지 못하는 것은 감동할 일이 없어서가 아니라 감동의 대상을 제대로 찾지 못하기 때문이다. 우리나라 사람들은 대부분 몇 가지 대상, 즉 재산 규모, 주택 소유 여부, 출신 학교 등을 통해 감동 여부를 결정한다. 그러나 인간은 헤아릴 수 없을 만큼 많은 대상에서 감동한다. 그중에서도 나무는 감동할 수 있는 최상의 대상이다.

충청북도 괴산군은 느티나무와 관련한 지명뿐만 아니라 우리나라에서 느티나무 노거수가 가장 많은 지역이다. 괴산에는 나이가 가장 많은 800살의 느티나무가 살고 있다.

느티나무는 전국 어디서나 만날 수 있는 나무면서도 우리나라 사람들이 아주 좋아하는 나무다. 그래서 느티나무를 신목으로 삼고 있는 마을도 많다. 하지만 정작 느티나무의 특성을 제대로 이해하고 있는 사람은 아주 드물다. 나는 자주 사람들에게 느티나무의 꽃과 열매에 대해서 묻는다. 나의 질문을 받은 사람은 거의 예외 없이 당황하며 나에게 오히려 느티나무에도 꽃이 피는지를 묻는다. 이는 나이와 관계없이 느티나무를 아는 사람들에게 듣는 공통된 반응이다.

늘 가까운 곳에 산다고 해서 정확하게 아는 것은 아니다. 느티나무에 대한 우리나라 사람들의 태도는 왜 우리나라 사람들이 평소에 감동에 인색한지를 단적으로 보여준다. 이제 감동은 일상에서 만들어야 한다. 일상에서 느끼는 감동이 가져다주는 진정한 행복은 무엇과도 바꿀 수 없기 때문이다.

평생 한 번도 느티나무의 꽃을 보지 않은 사람이라면, 느티나무의 꽃을 보는 순간 평생 잊을 수 없는 감동을 경험할 것이다. 더욱이 꽃

　이 핀 다음 느티나무의 꽃자리에 맺힌 열매를 본다면 감동의 순간을 무덤까지 가지고 갈 수 있을 것이다.

　이처럼 감동은 자신이 살고 있는 곳에서 얼마든지 느낄 수 있다. 더욱이 느티나무의 꽃과 열매를 볼 때 필요한 것은 '마음'으로 충분하다. 결국 감동은 어디에 마음을 두느냐에 달렸다. 혹 올해에 느티나무의 꽃과 열매를 보았다고 해서 내년에 느티나무의 꽃과 열매를 보았을 때 감동하지 않을 거라고 생각한다면 큰 오산이다. 다음 해 느티나무의 꽃과 열매가 같은 자리에 피고 맺을지라도 지난해의 꽃과 열매와는 다르다. 감동은 매번 다른 모습으로 찾아오기 때문이다. 더욱 중요한 것은 느티나무의 꽃과 열매를 보기 위해서 일 년 동안 기다리는 마음이야말로 감동을 더욱 깊게 만든다는 것이다.

　무한경쟁시대에서 살아남기 위해서는 어떻게 고객을 감동시키느냐가 기업의 운명을 결정한다. 날로 까다로운 고객을 감동시키는 일은 무척 어렵다. 기업들은 고객을 감동시키기 위해 다양한 방법을 동원한다. 그중에서도 고객의 마음을 읽는 방법을 선호한다. 많은 경우 설문을 통해서 고객의 마음을 알려고 하지만 그런 방법은 아주 피상적이다. 하지만 고객에게 다가간다고 해서 고객의 마음을 알 수 있는 것은 아니다. 고객마다 다른 마음을 어떻게 모두 알 수 있겠는가? 그것은 물리적으로 불가능하다.
　고객의 마음을 아는 방법은 아주 간단하다. 무엇보다도 자신의 마음을 먼저 들여다보면 고객의 마음을 간단히 알 수 있다. 이런 방법을 '추기지심(推己之心)'이라고 한다. 추기지심은 '자신의 마음을 미루어 헤아리다'는 뜻이다.
　내가 강조하는 일상의 감동도 추기지심이다. 느티나무의 삶을 통해서 내가 감동받은 것을 강조할 뿐이다. 난 느티나무의 꽃을 만날 때 대부분 감동했다. 내가 느티나무를 통해 감동했다는 것은 사람들 또한 소소한 행복을 통해 감동한다는 것을 의미한다. 고객의 감동도 마찬가지다. 고객은 의외로 사소한 데서 감동한다. 그러나 고객이 감동하는 사소함은 결코 사소한 것이 아니라 다른 어떤 것보다 소중하다는 것을 잊지 말아야 한다.

다른 사람들이 거의 관심을 갖지 않는 느티나무의 꽃은 이 나무의 생존을 결정한다. 그러나 사람들은 느티나무에서 가장 중요한 것을 보지 못하고 있다. 흔히 '나무를 보지 말고 숲을 보라'고 말하지만, 나무를 보지 않고는 결코 숲을 볼 수 없다. 느티나무를 알기 위해서는 전체를 보면서 동시에 뿌리, 줄기, 가지, 잎, 꽃, 열매를 봐야 하고, 뿌리, 줄기, 가지, 잎, 열매도 아주 자세하게 봐야 한다.

기업은 대부분 제품을 통해서 고객을 감동시킨다. 그러나 제품은 고객이 구입하는 순간 제품 자체만으로 존재하지 않는다. 제품과 사람의 관계, 즉 생태 관계가 형성되기 때문이다. 따라서 제품은 고객과의 관계까지 생각해서 만들어야 한다. 하나의 제품은 크든 작든, 비싸든 저렴하든 관계없이 고객들이 구입하는 순간 고객의 삶에 엄청난 영향을 미치기 때문이다. 어떤 사람은 분노하면서 기업을 위협하고 어떤 사람은 흥분하면서 기업을 사랑한다. 하나의 제품은 그것이 일회용이든 장기용이든 관계없이 고객을 감동시켜야 한다. 고객들의 감동이 쌓여야 기업의 신뢰가 생기기 때문이다.

나는 한 그루의 나무를 수십 번, 아니 수백 번씩 바라본다. 그러나 늘 바라볼 때마다 새롭다. 내가 한 그루의 나무를 볼 때마다 새롭게 느끼는 것은 나무가 새롭기 때문이기도 하지만 내게 새롭게 보는 눈이 생겼기 때문이다.

고객에 대한 감동은 생산자의 제품에 대한 지극한 사랑이 절대적으로 필요하다. 자신이 만든 제품을 수백 번 바라보아도 새로운 느낌이 들어야 하며 결코 지겹지 않아야 한다. 내가 나무를 사랑하는 이유도 나무가 언제나 새롭기 때문이다. 새롭다는 것은 그 자체에 엄청난 변화가 있다는 것을 의미한다. 변화는 단순히 바뀐다는 것이 아니라 제품 자체에서 그런 느낌을 줄 수 있어야 한다는 뜻이다.

여유(餘裕)는 '밥이 남은 상태'와 '옷이 많은 것'을 뜻하지만, 의식 문제를 해결한다고 해서 반드시 여유가 생기는 것은 아니다. 대부분 의식 문제를 해결한 현재 우리나라 사람들의 행복지수가 낮은 것만 봐도 알 수 있다. 여유는 감동지수와 비례한다. 여유로운 삶은 일상에서 얼마나 감동하느냐에 달렸으며 일상의 행복은 횡적인 삶을 추구할 때 만들 수 있다. 우리는 평소 걷던 데서 조금만 발걸음을 옮기면 그곳에서 감동의 순간을 맞을 수 있다. 여유는 바로 감동의 자리에서 상처에 새 살 돋듯이 생긴다.

외롭지 않은 나무는 없다

외롭게 보내면 자신만의 시간을 많이 갖기 때문에 훨씬 행복할 수 있다.

———

● 홀로 서 있는 나무는 외롭다. 그러나 이 세상에 외롭지 않은 존재는 없다. 사람들이 외롭다는 것에 의미를 부여하는 순간 '외롭다'는 단어가 마치 문제가 있는 것처럼 오해하기 시작했다. 외롭다는 것은 외롭지 않다는 것과는 상관이 없다. 외롭다는 것과 외롭지 않다는 것에는 가치의 차이가 없기 때문이다.

나는 홀로 서 있는 것을 '외(外)롭다'라고 표현한다. '내(內)롭다가 아니라 '외(外)롭다고 표현한 것은 나무의 모습을 밖에서 볼 수밖에 없기 때문이다. 모든 생명체도 나무처럼 밖에서만 볼 수 있다. 기계로 속을 보더라도 인간은 밖에서 안을 볼 수 있지 안에서 안을 볼 수는 없다.

외로운 나무는 이정표다. 먼 길을 가다가 나무를 만나면 나무에 등을 대고 쉬곤 한다. 지금도 산악지대에 살고 있는 종족들은 나무에 깃발을 달고 멀고 험한 길의 나침반으로 삼는다. 내가 산속에 소를 데려가서 풀을 먹이던 시절에도 외로운 나무는 이정표였다. 친구들과 만날 때도 외로운 소나무였고, 학교 운동장에서 모인 곳도 외로운 회화나무였다. 그런데 한국 사람들은 홀로 서 있는 존재를 문제아 혹은 문제 어른으로 생각한다. 홀로 사는 '독거노인'의 용어에서 보듯, 혼자 산다는 것이 꽤 큰 사회 문제로 등장한 지 오래다. 나무는 외로워도 문제가 없는데 사람은 왜 외로우면 사회 문제로까지 발생하는지 알다가도 모를 일이다.

한국 사회는 외롭게 사는 법을 거의 중시하지 않는다. 대부분 혼자서 지내는 것만을 문제 삼을 뿐이다. 나는 혼자서 지내는 것을 좋아한다. 그래서 학교에서 특별한 경우가 아니면 혼자서 시간을 보내며 밥도 대부분 혼자서 먹는다.

요즘 혼자서 밥 먹는 '혼밥'을 방송과 신문에서 사회 문제로 다루고 있다. 간혹 관련 프로그램을 보면 혼밥 문제를 안타까운 마음으로 바라보고 있다. 혼밥 문제는 시대의 변화에 따른 자연스러운 현상이다. 특히 기술과 유통의 발달은 혼밥을 가능하게 만들었다.

현대 사회는 혼자서 보낼 수 있는 기회를 충분히 제공하고 있는 셈인데 왜 혼밥이 문제가 될까. 왜 우리는 여전히 농업 중심의 봉건시대를 갈구하며 대가족제도가 붕괴한 지 오래전인데도 여전히 대가족을 그리워하고 있을까. 여기에는 외로움에 대한 부정적인 인식이 강하게

깔려 있기 때문이다.

　대가족제도를 갈구하는 사람들의 내면에는 원만한 성격에 대한 오해가 자리 잡고 있다. 많은 사람들끼리 만나서 부딪쳐야만 성격이 원만하다고 생각하는 사람들이 의외로 많다. 그러나 원만한 성격은 대가족제도나 많은 사람들과 만나는 것과 전혀 관계가 없다. 문제는 원만한 성격에 대한 의미를 어떻게 보느냐이다. 원만성은 시대에 따라 다를 수밖에 없다. 더욱이 원만하다는 것도 좋고 나쁨의 문제가 아니라 하나의 특징에 불과하다. 외롭게 보내면 자신만의 시간을 많이 갖기 때문에 훨씬 행복할 수 있다.

　나는 나무를 만날 때도 가능하면 혼자서 길을 떠난다. 많은 사람들이 함께 떠나면 사람들끼리 이야기하느라 즐거운 시간을 보내기가 훨씬 어렵기 때문이다. 간혹 유달리 외로움을 많이 타는 사람을 만나면, 혼자서 즐길 수 없는 사람은 어떤 심리가 작용하고 있는지 무척 궁금하다. 혼자서 보내는 사람과 여러 사람과 함께 다니는 사람 간의 차이는 단지 만남의 방식에 지나지 않는다. 내가 나무의 외로움에 마음이 끌리는 것은 고고(孤孤)한 삶이 큰키나무처럼 고고(高高)한 이상을 펼칠 수 있다고 생각하기 때문이다.

굽은 나무도 자신의 역할이 있다

선산의 굽은 소나무는 아무리 굽어도
한 집안의 앞날을 곧게 한다.

———

   ● 우리나라 사람들은 여전히 조선시대 과거제도의
유산에서 크게 벗어나지 못하고 있다. 대부분의 취업자들이 공무원을
선호하고 있기 때문이다. 부모도 공무원 혹은 대기업에 입사하면 성
공했다고 생각한다.

   조선시대에도 과거시험에 합격해서 관료가 되는 것을 최고의 효도
라 생각했다. 그러나 이른바 출세한 사람들은 고향을 떠나 선산을 지
키지 않는다. 대신 출세하지 못한 자식이 고향에 남아서 선산을 지킨
다. 곧은 소나무처럼 출세한 자식들은 고향을 떠나 효도는커녕 부모
를 자주 찾지도 않지만 굽은 소나무처럼 출세하지 못한 자식은 고향
을 떠나지 못하고 선산과 부모를 지킨다.

   소나뭇과의 소나무는 잎이 두 개씩 묶음으로 맺는다. 줄기는 붉은

색도 있고 거북등처럼 생긴 것도 있다. 소나무는 지역에 따라 곧게 자라기도 하고 굽어 자라기도 한다. 곧게 자라면서도 속이 금강석처럼 아주 단단한 나무를 금강송이라 부른다. 금강송은 주로 강원도와 울진 등지에 자란다.

굽어 자라는 소나무가 사는 대표적인 곳은 경상북도 경주시 안강이다. 특히 안강의 신라 흥덕왕릉 앞의 굽은 소나무는 전국의 사진작가들이 선호하는 명소 중 한 곳이다. 우리나라 산수화에는 곧은 소나무와 더불어 굽은 소나무도 자주 등장한다. 분재를 즐기는 사람들은 소나무를 억지로 굽게 자라게 하기도 한다.

소나무는 각각 역할을 가지고 있지만 겉으로 드러난 모습만으로 평가하면 곧은 소나무를 멋진 존재로 평가할 가능성이 아주 높다. 사람도 겉으로 보면 성공한 사람을 높게 평가할 수 있지만 반드시 그렇지는 않다. 그러나 인간은 화려한 모습에 눈이 쏠리기 마련이라 눈에 잘 띄지 않는 사람에게는 눈길을 잘 주지 않는다. 간혹 정치 지도자가 눈에 잘 띄지 않는 곳에서 일하는 사람에게 관심을 보이면 방송과 신문에서도 큰 관심을 갖는다. 그러나 그러한 관심도 잠시일 뿐 시간이 지나면 사람들의 관심에서 멀어진다.

중국 춘추 말 노자는 사람들의 눈에 잘 띄지 않는 곳에 주목해서 인기를 얻은 사람이었다. 그는 많은 사람들이 이른바 높은 자리에 올라가려고 발버둥 칠 때 정반대의 길을 강조했다. 그는 많은 사람들이 산등성이를 따라 정상에 올라가는 것보다는 정상과 거리가 먼 산골짜기를 선호했다.

보통 사람들은 높은 산 정상에 오르고 싶은 욕망을 강하게 가지면서도 산이 높은 이유가 깊은 골짜기 덕분이라는 것을 모른다. 산이 높을수록 골짜기도 깊은 법이다. 그래서 높은 산과 깊은 골짜기는 같은 의미를 갖는다. 높은 자리에 있는 것과 낮은 자리에 있는 것은 동전의 앞뒤와 같다. 그러나 사람들은 산의 정상만 눈에 들어오는 반면 깊은 골짜기를 바라보면서 두려움을 느낀다.

곧은 나무와 굽은 나무, 높은 지위와 낮은 지위는 가치의 문제로 구분할 수 없지만 우리 사회는 이를 가치의 문제로 인식한다. 그래서 그들에 대한 경제 가치도 다르게 평가한다. 우리나라의 불평등은 여기서 출발한다. 정규직과 비정규직의 문제도 노동을 시간과 질로 평가하지 않고 위치 그 자체로 평가하는 데서 온다. 같은 조건에서 같은 노동을 하는데도 임금이 전혀 다르다면 그 사회는 정상이 아니다.

사람의 가치를 생각한다면 결코 현재 한국 사회를 비롯해 세계 각국에서 일어나고 있는 불평등은 발생하지 않을 것이다. 고향에서 선산을 지키는 자식이나 대통령이 된 자식이나 자식의 가치는 같다. 그러나 사람들은 대통령만이 부모에게 큰 효도를 한 것처럼 생각한다. 그러나 대통령은 자리에서 내려오면 고향의 선산을 지키지 않고 선산을 잊은 채 도시에서 살아간다. 고향의 선산은 사람들에게 평가 받지 못한 자식의 보살핌 덕분에 잘 보존된다.

지금도 농사를 지으면서 고향을 지키는 사람들이 적지 않다. 나의 큰형님도 퇴직 후 고향에 내려와 농사를 지으면서 아버지를 모시고 있다. 그러나 나는 바쁜 핑계로 고향에 자주 찾아가지도 않고, 문중의 행사 때도 잘 참석하지 않는다. 다만 나는 속으로 늘 형님을 존경한다. 요즘 고향에서 부모를 모시는 일이 얼마나 힘든지를 잘 알고 있기 때문이다.

나는 절대 형님의 부모에 대한 효를 넘을 수 없다. 형님의 가치와 나의 가치는 동등하다. 선산을 지키는 형님의 노력은 눈에 잘 띄지 않지만, 형님의 손길이 아니면 고향의 선산은 금세 쑥대밭으로 변할 것이다. 간혹 고향에 가면 어머님이 살아 계실 때보다 마당이 더 깨끗하다. 어머님은 농사일에 바빠 마당이나 방을 청소할 겨를이 없었지만 형님은 어머님 살아 계실 때보다 농사일이 적을 뿐 아니라 아주 정갈한 성품이라서 주변을 늘 깨끗하게 정돈한다.

나는 책을 즐겨 읽지 않지만 어린 시절에 읽었던 책은 모두 고향에 계시는 큰형님 덕분이었다. 큰형님은 나보다 무척 책을 좋아해서 고등학교 졸업 후 직장을 다니면서도 늘 책을 가까이했다. 나는 고등학교 시절까지 큰형님이 사놓은 한국문학과 세계문학을 읽을 수 있었다. 여름철 뒷산에서 소에게 풀을 먹이러 가서 책을 읽었던 추억, 한손에 큰형님이 구입한 책을 들고 석양을 바라보았던 기억은 죽을 때까지 잊을 수 없을 것이다. 특히 내가 서양의 고전음악을 좋아할 수 있었던 것은 큰형님이 구입했던 베토벤 교향곡 5번 〈운명〉과 전축 겸용의 라디오 덕분이었다. 나는 중학교 3학년 때 난생처음 LP판으로 베토벤의 음악을 들었다. 라디오조차 드물었던 시절에 서울에서 직장을 다닌 큰형님 덕분에 나는 '운명'을 바꿀 수 있었다.

고향에는 큰형님이 구입한 책들이 아직도 책장에 있다. 나는 간혹 그 책들을 보면서 70살을 바라보는 큰형님의 얼굴을 떠올린다. 큰형님의 발자국이 아니었다면 지금의 내가 없다는 것을 잘 안다. 고향 책장 속의 책에 아무리 두꺼운 먼지가 앉더라도 큰형님의 발자국은 선명하게 남아 있다. 선산의 굽은 소나무는 아무리 굽어도 한 집안의 앞날을 곧게 한다.

세상에서 가장 위대한 반란

모든 인간이 한 그루의 나무를 심는 순간이야말로
세상에서 가장 위대한 반란이다.

———

● 인류 역사상 반란은 종종 도도한 흐름을 바꿔놓았다. 반란은 '불순한 의도'를 담고 있는 용어다. 그러나 '불순한 의도'는 반란을 당하는 쪽의 생각에 지나지 않는다. 반란이 성공하면 '불순한 의도'는 한순간에 '순한 의도'로 바뀌기 때문이다. 반란은 '역(逆)'이다. 역의 반대는 '순(順)'이다. 대부분 물이 위에서 아래로 흐르듯이 순류(順流)를 선호한다. 반면 역류(逆流)는 반역을 상징한다. 순류의 삶과 역류의 삶은 어떤 차이가 있을까. 순류의 삶만이 옳은 방향일까.

'순'은 물이 흐르듯이 얼굴을 순하게 해서 사태가 흘러가는 대로 맡겨두는 것을 의미하고, '역'은 '거꾸로 선 사람'을 뜻한다. 역은 순종하지 않는다는 뜻이다. 순종하지 않으면 역적이고, 임금의 뜻을 거스르면 역린(逆鱗)이다. 역린은 용의 턱 밑에 거슬러 난 비늘을 건드리면

화를 내서 건드린 자를 죽인다는 뜻이다. 그래서 역린은 왕의 분노를 뜻한다.

반란은 대부분 약한 자의 몸부림이라 성공할 가능성이 높지 않다. 그러나 힘의 관점이 아닌 삶의 관점에서 보면 반드시 약한 자의 몸부림만은 아니다. 생활의 반란은 힘과 무관하다. 나는 늘 반란을 꿈꿨다. 혼자 있길 좋아했던 나는 반란을 상상하길 즐겼다. 혼자 상상하는 반란은 당장 실현할 수 없지만 놀이 중에서도 아주 경제적인 놀이다.

나무는 언제나 반란을 일으킨다. 매일매일 변하는 것이 사실 진정한 반란이다. 새로운 시도도 반란이다. 그러나 많은 사람들이 새로운 시도를 꺼리는 것은 결과를 장담할 수 없기 때문이다. 나는 지금도 끊임없이 반란을 꿈꾸지만 꿈만 꾸는 것이 아니라 실천도 한다. 그래야만 다시 반란을 꿈꿀 수 있기 때문이다. 반란은 많은 사람들을 당황스럽게 만들 수 있으며 때론 긍정적인 반응을 얻기도 하지만 때론 부정적인 반응을 얻기도 한다.

지금까지 역사상 수많은 반란이 있었지만 내가 가장 위대한 반란으로 평가하는 것은 케냐에서 숲 비율을 헌법에 명시한 일이다. 인류 역사상 숲 비율을 헌법에 명시한 사례는 케냐가 유일하다. 케냐의 수도 나이로비는 5킬로미터만 가도 밀림이다. 이곳 숲에는 수령 몇 백 년에 이르는 나무들이 수백 그루나 살고 있다. 나이로비의 숲이 울창해지기까지 많은 사람들의 노력이 있었지만 그중에서도 2011년 9월 세상을 떠난 왕가리 마타이 여사는 굉장히 헌신적이었다.

그녀는 1977년부터 2010년 죽기까지 34년 동안 9,000만 그루의 나무를 심었다. 나는 마타이 여사의 이러한 노력을 반란이라 부르고 싶다. 1980~1990년대 케냐 정부는 여러 차례 도심의 녹지 개발을 추진했다. 그러나 마타이 여사는 목숨을 걸고 숲을 지켰다. 그녀는 경찰에게 구타를 당하는 수모를 겪으면서까지 시민들과 함께 숲을 지켰다. 마타이 여사의 노력으로 케냐 정부는 2010년 8월, 2030년까지 숲의 비율을 10%까지 높이는 내용을 헌법에 명시했다. 2010년 당시 케냐의 숲 비율은 5.9%였다. 케냐 정부는 현재 20년 만에 두 배의 숲을 만들기 위해 혼신의 힘을 다하고 있다. 마타이 여사는 그간의 업적을 평가받아 2004년 노벨평화상을 수상했다.

　　마타이 여사의 노벨평화상은 아프리카 최초의 여성 노벨상이었다. 나는 그녀의 노벨상이 숲을 조성하는 일로 받았다는 것을 한층 높이 평가하고 싶다. 노벨상을 받은 사람들의 업적은 지금까지 인류에 많은 분야에서 공헌하고 있지만 숲을 조성하는 일만큼 큰 공헌을 할 수 있는 분야는 없다. 마타이 여사가 조성한 숲과 앞으로 케냐 정부가 조성한 숲은 케냐는 물론 인류 전체에게 엄청난 영향을 줄 것이기 때문이다.

　　나무를 심는 것은 나비효과와 비슷하다. 땅속 씨앗에서 올라온 나무는 처음에는 아주 미약하지만 시간이 지나면서 엄청난 크기로 자란다. 더욱이 한 그루의 나무는 단지 나무 자신만이 아니라 셀 수 없는 생명체들이 더불어 살아간다. 따라서 모든 인간이 한 그루의 나무를 심는 순간이야말로 세상에서 가장 위대한 반란이다.

내가 꿈꾸는 반란은 기존의 반란과 전혀 다르다. 기존의 반란은 누군가를 해치거나 빼앗는 방식이었지만 나무를 심는 반란은 누구도 해치지 않을 뿐 아니라 재산도 빼앗지 않는다. 오히려 모든 사람들에게 혜택을 준다. 모든 사람들에게 혜택을 주는 것이 진정한 상생(相生)이다. 세상 곳곳에서 상생을 외치지만 실천하는 경우는 아주 드물다. 그러나 나무의 삶과 함께하면 저절로 상생을 실천할 수 있다. 그런데 간혹 나무마저 독점하려는 사람들이 적지 않다. 나무를 독점하는 사람은 이른바 나무와 관련한 학문 분야에 종사하는 자들이다. 나무를 학문의 대상으로 삼고 있는 사람들 중에는 종종 아직도 나처럼 나무를 공부하는 사람을 비전공자라고 부르면서 배타적인 태도를 취하는 자들이 있다.

내가 속한 역사 분야도 마찬가지다. 그러나 학문의 대상은 그 누구도 독점할 수 없으며 그 누구도 독점할 권한이 없다. 나무는 그 누구의 소유일 수 없다. 학문은 방법과 내용으로 평가하는 것이지 누가 하느냐는 평가의 대상이 아니다. 더욱이 처음부터 나무를 학문의 대상으로 삼은 사람은 없다. 나도 마찬가지로 처음부터 역사를 전공하지 않았다.

나는 나무를 독점으로 생각하는 사람들에게 반란을 일으켰다. 그러나 나의 반란으로 나무를 학문의 대상으로 삼고 있는 사람들에게 피해를 주지 않았다. 오히려 많은 사람들이 나무에 관심을 갖도록 하는 데 일조하고 있다. 반란이 나쁜 것은 처음부터 불순한 의도로 시작하기 때문이다.

나는 불순한 마음으로 나무를 공부하지 않았다. 아주 단순하게 먹고 살기 위해서 나무를 만났을 뿐이다. 나는 나무를 공부하면서 다른 사람들의 밥그릇을 빼앗지 않았다. 혹 나 때문에 자신의 밥그릇을 빼앗겼다고 생각하는 나무 관련 전공자가 있다면 큰 오산이다. 나는 한 번도 나무를 전공하는 사람들에게 나의 이익을 위해 그 어떤 것도 요구하지 않았으며, 오히려 그쪽에서 요청하면 힘이 닿는 데까지 흔쾌히 응했을 뿐이다.

반란의 힘은 세다. 연어가 거센 역류를 올라가듯이 일상의 삶에서 스스로 반란을 일으켜야 한다. 반란은 결코 거창한 구호거나 힘들거나 위험하지 않다. 반란은 나무에게 눈길을 주는 데서 시작하지만 그 끝은 위대하다. 누구나 일상에서 위대한 반란을 꿈꿀 수 있다. 나무를 생명체로 만나는 것 자체가 위대한 반란이다.

구별과 차별

한 존재를 정확하게 구분하지 않는 것은 한 존재의 가치를 부정하는 것과 같다.
나와 다른 사람의 차이를 인정하지 않을 때 이 세상은 불행해지는 법이다.

● 구별과 차별을 구분하는 것은 존재를 이해하는
데 매우 중요하다. 나무를 공부하면서도 비슷한 나무를 구별하는 것
이 필요하다. 나는 그동안 물푸레나무와 들메나무를 정확하게 구분할
수 없었다. 그 이유는 물푸레나무와 들메나무가 내가 살고 있는 주위
에서 쉽게 발견할 수 없었고, 그만큼 관심도 적었기 때문이다.

내가 다니고 있는 학교에는 다행히 들메나무가 있어 이 나무의 잎
과 꽃과 열매를 일 년 동안 관찰할 수 있었다. 그러나 물푸레나무는
다른 대학교에 있어서 일 년 동안 관찰할 기회가 없었다. 그러던 중
'나무세기' 회원과 여름에 본격적으로 물푸레나무를 공부하기 시작
했다.

두 나무는 이파리가 끝에서 세 개로 나누어지는 것은 같으나, 잎은

들메나무가 크다. 아울러 두 나무는 잎 가장자리의 톱니도 같다. 물푸
레나무와 들메나무의 열매는 이 나무들의 탄력만큼 신축성이 뛰어나
다. 그러나 배의 노를 닮은 열매의 줄기는 가냘프다. 이는 아마 쉽게
떨어져 자손을 번식하기 위한 나무의 고차원적인 전략일 것이다.

　물푸레나무와 들메나무가 닮은 것은 둘 다 물푸레나뭇과에 속하기
때문이다. 같은 피가 흐르니 닮을 수밖에 없지만 혈연관계일지라도
똑같을 수는 없다. 떨어져 서로 다른 기후와 토양에서 자라다 보면 닮
지 않은 부분도 많은 법이다. 그래서 나는 같은 물푸레나뭇과에 속하
는 나무를 관찰하기 시작했다. 우리나라가 원산인 수수꽃다리와 개나
리도 물푸레나뭇과이지만 물푸레나무나 들메나무와는 차원이 다른
나무이다. 우선 수수꽃다리와 개나리는 키가 작은 나무이지만 물푸레
나무와 들메나무는 키가 큰 나무이다. 네 종류의 나무 모두 잎이 떨어
지는 공통점을 갖고 있지만 그 모습은 아주 다르다. 나는 이렇게 다른
모습을 전혀 이상하게 생각하지 않는다. 오히려 서로 다른 모습에서
아름다움을 느낀다.

　'봄의 전령' 개나리는 한국 사람들이 아주 좋아하는 나무이다. 소나
무만큼 익숙한 이름이 바로 개나리다. 더욱이 개나리가 무슨 색인지
조차 누구나 알고 있다. 그러나 개나리가 잎보다 꽃이 먼저 피는 탓에
이 나무의 잎과 열매를 아는 사람은 아주 드물다. 개나리꽃이 진 뒤
학생들과 산책하다 개나리 옆을 지나가면 으레 나는 잎을 만지면서

무슨 나무인지 묻지만 거의 알아맞히지 못한다. 그 이유는 꽃이 진 뒤 개나리의 삶에 관심이 없을 뿐 아니라 세심하게 관찰하는 습관을 갖고 있지 않기 때문이다. 개나리의 어린잎은 가장자리에 톱니가 없지만 자라면서 톱니가 생긴다.

나는 오래전부터 나무가 일 년 동안 사는 모습을 카메라에 담았다. 사진을 찍으면서 나무를 관찰하면 눈으로 보는 것과는 다른 묘미를 느낀다. 특정 부분을 확대하면서 관찰하기 때문에 나무의 특성을 이해하는 데 유익하다. 개나리의 열매는 천적을 피해 잎에 숨어 있기 때문에 쉽게 눈에 띄지 않는다. 손으로 나뭇가지를 뒤적거려야 겨우 발견할 수 있는 '보리알'처럼 생긴 작은 열매는 자신에게 온갖 정성을 바친 사람에게만 모습을 보여줄 만큼 은밀하게 숨어 있다.

매자나무와 당매자나무를 정확하게 구분하는 데도 엄청난 시간이 걸렸다. 아주 자세하게 관찰하지 않으면 결코 구분할 수 없는 닮은 존재이기 때문이다. 매자나무 잎에는 가는 가시가 있지만 당매자나무에는 없다. 한 존재를 정확하게 구분하지 않는 것은 한 존재의 가치를 부정하는 것과 같다. 이런 경우 한 생명은 가장 슬프다. 나와 다른 사람의 차이를 인정하지 않을 때 이 세상은 불행해지는 법이다.

나는 종종 역사학자이면서도 나무와 인연을 맺은 탓에 나무 혹은 생태 관련 강연을 부탁받곤 한다. 나는 나무 관련 강연 중 느티나무와 회화나무에 대한 이야기를 하는데 많은 사람들이 두 나무를 혼동하기 때문이다. 나무 전문가가 쓴 책에도 두 나무의 한자 이름이 불분명하다는 식으로 정리하고 있을 만큼 두 나무의 한자 이름은 분간하기 어렵다.

그러나 나무 전문가의 경우 중국의 사정에 밝으면 정리하는 데 도움이 된다. 우리나라의 경우에는 느티나무와 회화나무 모두 괴(槐)로 사용할 때가 있지만 중국의 경우에는 다르게 부르기 때문이다. 느티나무는 느릅나뭇과에, 회화나무는 콩과에 속하기 때문에 분명 다른 나무이지만, 나무에 큰 관심이 없는 사람은 금방 분간할 수 없다. 중국 청대에 나온 식물도감에도 느티나무를 설명할 때 껍질이 회화나무와 박달나무를 닮았다고 기록하고 있을 정도이다.

느티나무의 중국식 표기는 거수(欅樹)이고, 회화나무의 중국식 표기는 괴(槐)다. 현재 중국에서는 회화나무를 괴수(槐樹)로 표기하고 있다. 중국 명대 이시진(李時珍)의 《본초강목(本草綱目)》에 따르면 느티나무를 거수로 부르는 이유는 나무가 수직으로 높이 자라기 때문이다. 그러나 상당한 관찰력을 가진 자가 아니면 느티나무의 꽃과 열매를 발견할 수 없다. 느티나무는 느릅나뭇과에 속하기 때문에 열매는 느릅나무처럼 얇고 작지만, 회화나무는 콩과이기 때문에 열매가 콩처럼 생겨 금방 콩과임을 알 수 있다.

요즘 자연생태에 관심이 높아지면서 각종 체험프로그램이 등장하고 있다. 나도 요즘 나무로 체험할 수 있는 프로그램을 고민하고 있다. 일부에서 시행하고 있는 나무 이름표 달기 같은 프로그램도 그중

하나지만, 잎과 껍질의 모양으로 나무 이름 알아맞히기도 한 방법이다. 잎의 특징을 통해 나무 이름을 맞힐 수 있다면 상당한 관찰력을 지닌 사람이다.

나와 나무 공부를 함께하는 사람들 중 적지 않은 사람이 느티나무와 느릅나무를 정확하게 구분하지 못한다. 이들은 이구동성으로 잎의 크기가 비슷하다고 말한다. 잎으로 구분하기 어려우면 껍질의 상태로 구분할 수도 있다. 만약 수건으로 눈을 가리고 손으로 나무 피부를 만지게 한 후 이름을 맞히는 학습을 한다면 감각을 점검하는 데 큰 도움을 줄 것이다.

인간도 동물이다. 그러나 인간은 다른 동물보다 덜 발달한 감각 기관이 많다. 인간도 다른 동물처럼 각 기관의 감각을 발달시켜야 하는 이유는 예리한 촉수를 지녀야 창의력을 발휘할 수 있기 때문이다. 둔하면 생명의 소중함을 망각한다. 생명의 소중함을 망각하는 순간 인간은 이 지구에서 존재할 수 없다. 나무는 학교 어디든, 삶의 공간 어디에서든 만날 수 있다. 각 학교의 선생님들이 운동장에 나가 나무 이파리의 차이점을 가르치고, 나무의 껍질을 만지면서 그 느낌을 함께 나눈다면 저절로 학생들은 생명의 소중함을 깨달으며 저절로 분별력을 기를 것이다.

나무를 선호하는 것은 나쁘지 않다. 나무든 사람이든 좋아하거나 좋아하지 않을 수 있다. 강아지를 좋아하는 사람도 있지만 싫어하는 사람도 있다. 고양이를 좋아하는 사람도 있고, 싫어하는 사람도 있다.

소나무를 좋아하는 사람도 있고, 싫어하는 사람도 있다. 버즘나무를 좋아하는 사람도 있지만 꽃가루 때문에 싫어하는 사람도 적지 않다. 나는 옻에 아주 민감하기 때문에 옻나무를 좋아하지 않지만 차별하는 것은 죄악이다. 내가 옻나무를 싫어한다고 해서 옻나무의 존재를 인정하지 않는다면 죄악이다. 옻나무를 좋아하거나 싫어할 권리는 있지만 차별할 권리는 없기 때문이다. 그러나 많은 사람들이 나무를 차별하는 경우가 많다. 내가 존재에 대한 차별을 죄악으로 규정하는 것은 차별이 전쟁을 낳기 때문이다. 지구상에서 벌어지고 있는 분쟁의 원인 중 대부분은 차별이다. 종교가 분쟁의 원인으로 작용하고 있는 것도 차별이다.

나는 옻나무를 좋아하지 않지만 옻나무 관련 책을 준비하고 있다. 내가 옻에 민감하다고 해서 옻나무가 지닌 역사와 문화를 포기할 수 없기 때문이다. 고향에는 부모님이 심은 옻나무가 살고 있다. 나는 고향에 갈 때마다 옻나무 때문에 긴장해야 한다. 그러나 형제들은 옻나무를 무척 좋아한다. 옻나무를 이용한 음식을 즐기기 때문이다. 나는 옻나무를 가까이할 수 없지만 마음으로나마 가까이할 수 있는 방법을 찾고 있다. 차별하지 않고 한 존재를 생각하면 나무가 나에게 주는 행복은 훨씬 많다.

Part 4

철 · 학 · 하 · 다

나무를 통해 세상을 꿰다
– 수이관지(樹以貫之)

나의 꿈은 공자의 삶처럼 나무로 나만의 세계관을 구축하는 것이다.
나는 깨어 있는 순간, 어떤 일이든지 나무를 생각하고, 나무와 관련해서 글을 쓴다.

———

● 나는 나무를 공부하기 전까지 스스로를 무척 부족한 사람이라 생각했다. 특별히 잘하는 것이 하나도 없었기 때문이다. 내가 나무를 공부하기 전까지 다른 사람들과 비교했을 때 가장 잘한 것은 초중학교 시절의 운동이었다. 나는 초중학교 시절에 씨름 선수였다. 중학교 시절에는 학교 대표로 창녕군 씨름대회에 참가했을 정도였다. 나는 어디서든 씨름을 즐겼으며 동네 형들과의 씨름에서도 이길 만큼 씨름에 재주가 있었다. 내가 씨름에 재주를 가진 것은 전적으로 아버지 덕분이었다. 아버지도 종종 젊은 시절 당신께서 씨름에 소질이 있었다는 얘기를 자랑하신다.

인간의 능력은 아주 다양하지만 우리나라의 경우 인간의 능력을 아주 단순하게 측정한다. 내가 스스로 특별히 잘하는 것이 없다고 생각한 것도 애초부터 능력이 없는 것이 아니라 우리나라 교육의 산물이었다. 내가 고등학교까지 다니는 기간 동안 우리나라 학생의 능력은 고작해야 시험을 통해 얻은 성적으로 평가한 것이 전부였다.

나는 이러한 능력 평가에서 결코 좋은 성적을 얻지 못했다. 더욱이 고등학교까지 고향 농촌에서 보낸 터라 도시의 학생과 비교하면 턱없이 좋지 못한 성적이었다. 내가 다녔던 중학교는 각 학년마다 겨우 세 반뿐이었다. 중학교가 생긴 지 얼마 지나지 않은 탓에 학생 모집이 쉽지 않았기 때문이다. 고등학교의 경우는 종합고등학교라서 인문반은 한 반뿐이었다. 나는 중등학교 시절에 60명과 50명 중 단 한 번도 5등 안에 들지 못했다. 나의 성적은 도시 학생과 비교하면 거의 꼴찌에 해당한다.

내가 재수를 통해서 대학에 들어갈 수밖에 없었던 것도 학생의 능력을 국어와 영어와 수학으로 평가했기 때문이었다. 요즘 대학에서는 다양한 전형을 통해 학생을 선발하고 있지만, 내막을 들여다보면 내가 다니던 시절과 크게 다르지 않다.

내가 겨우 대학에 들어와서 지금까지 버틸 수 있었던 원동력은 '한문'이었다. 나는 중학교 시절부터 한자에 관심이 많아서 6,000자 정도 수록되어 있는 옥편을 통째로 외우려고 한 적이 있었다. 그 당시 나는 일상에서 잘 사용하지 않는 한자를 익혀서 친구들에게 자랑하는 것을 즐겼다.

내가 한문에 큰 관심을 가진 것은 전적으로 아버지 덕분이었다. 삼

형제 중 막내로 태어난 아버지는 집안에서 유일하게 서당에서 한문을 익혔다. 아버지는 정식 학교에 다닌 적은 없지만 집안의 대소사에 필요한 축문을 쓰는 일을 맡을 만큼 학문에 소질이 있었다. 더욱이 아버지는 농촌에서 보기 드물게 신문을 구독했다. 당시의 신문은 국한문 혼용이었던 터라 한자를 모르면 읽을 수 없었다. 나는 아버지가 구독한 신문 덕분에 어릴 때부터 신문을 즐겨 읽었다. 혹 모르는 한자가 나오면 형님들의 도움을 받았다.

한문에 대한 나의 능력은 사학과 공부에 큰 도움을 주었지만, 처음부터 내가 사학에 흥미를 가졌던 것은 아니다. 내가 처음 관심을 가진 학과는 신문방송학과였다. 그러나 입학 원서를 접수하는 날 '신방과'의 응시생 줄이 아주 길어서 포기하고 사학과로 진로를 바꿔버렸다. 재수를 한 탓에 삼수를 할 수 없는 상황이었기 때문이었다.

내가 사학과를 선택한 것은 다른 학과를 선택할 수 있는 능력이 없었을 뿐 아니라 셋째 형이 사학과에 다니고 있었기 때문이었다. 우여곡절 끝에 사학과에 들어간 나는 한문 덕분에 버틸 수가 있었다. 나는 2학년 때 사범대학 한문교육과에서 한문을 부전공했다. 당시 한문을 부전공한 학생은 나와 여자 동기 한 명뿐이었다. 당시 한문 성적도 아주 좋은 편이었다.

나는 한문을 부전공한 이후부터 지금까지 35년간 한문 공부를 게을리하지 않고 있다. 그 이유는 한문이 나의 능력을 발휘할 수 있는 핵심이기 때문이다. 그러나 나의 한문 실력은 한문을 전공하는 분이

나무예찬

나 어린 시절부터 한학을 공부한 분들에 비하면 많이 부족하다. 다만 나에게 한문은 목적이 아니라 나의 능력을 드러내는 수단일 뿐이다.

나의 한문 실력은 한문만으로 먹고살 수 있을 만큼 탁월하지 않다. 그러면 내가 지금까지 가장 좋은 성적을 얻은 한문이 나의 가장 우수한 능력이 아니라면 과연 나의 진정한 능력은 무엇인가? 나는 그동안 사람의 능력을 어떻게 평가할 것인가에 대해 많이 고민했다. 나의 주변에는 많은 분야에서 나보다 뛰어난 능력을 갖고 있는 사람들이 적지 않다. 그런데도 자신의 능력을 마음껏 발휘하지 못하고 있는 사람들도 적지 않다. 그런 사람들의 태도를 유심히 관찰해 보니 공통점을 발견할 수 있었다.

중국 춘추시대 말에 살았던 공자는 세계사에서 석가와 예수와 더불어 3대 성인으로 꼽힌다. 나는 한문과 중국사를 공부하면서 일찍부터 공자의 삶에 관심을 가졌다. 나는 대학 2학년 때 제자들이 공자의 말씀을 기록한 《논어》를 처음 읽었다. 인류가 공자를 높이 평가하는 이유는 사람마다 다르겠지만 가장 큰 업적은 '집대성(集大成)'이다. 세계사에서 한 분야를 집대성한 사람은 많다. 석가와 예수도 사실 공자처럼 집대성한 사람들이다.

집대성은 단순히 과거의 사실을 종합하는 것이 아니라 기존의 업적을 종합하면서 자신만의 세계를 구축하는 것을 의미한다. 공자는 주나라 시대의 유학을 종합하면서 자신의 세계를 구축했고, 석가와 예수는 기존의 특정 종교를 보편적인 종교로 만들었다. 공자는 인

(仁)과 의(義), 충(忠)과 서(恕)를 인류 보편의 가치로 만들었다. 그래서 공자는 자신 있게 '나의 도는 하나로 꿴다[吾道一以貫之]'라고 말했던 것이다.

나의 꿈은 공자의 삶처럼 나무로 나만의 세계관을 구축하는 것이다. 내가 나무를 중심으로 학문 체계를 만들려는 꿈이 바로 나의 가장 탁월한 능력이다. 나의 이런 꿈에 한문이 중요한 역할을 담당하고 있다. 공자와 석가와 예수가 삶을 대하는 태도는 지금의 용어로 말하면 융합 혹은 통섭이다.

융합은 요즘 우리나라의 모든 분야에서 가장 요란스럽게 외치고 있는 구호지만, 우리나라 교육 현장에서 융합 교육은 여전히 요원하다. 나는 나무를 공부하기 전까지 융합이 중요한 능력이라는 것을 몰랐다. 나보다 많은 분야에서 뛰어난 사람들이 능력을 발휘하지 못하는 이유 중 하나는 융합 능력이 부족하다는 점이다. 그들은 자신의 능력을 많은 분야에 발휘하고 있지만 구체적인 목표 없이 분산적으로 사용하고 있다. 그러니 그들의 노력은 생각만큼 성과를 거두지 못한다.

나는 오로지 '나무를 통해 모든 것을 꿰는' '수이관지(樹以貫之)'에 모든 에너지를 쏟는다. 나는 깨어 있는 순간, 어떤 일이든지 나무를 생각하고, 나무와 관련해서 글을 쓴다. 나의 이 같은 태도야말로 자랑스러운 능력이지만 내 능력은 우리나라 교육 현장에서는 전혀 평가받지 못한다. 사람들은 나의 업적이 이런 태도를 통해서 드러난다는 사실도 잘 모른다. 문제는 나의 이 같은 능력은 누구나 발휘할 수 있는

데도 발휘하지 못하고 있다는 사실이다. 더욱 중요한 것은 자신의 능력을 정확하게 파악하는 일이고, 파악한 후 실천하는 일이다.

뽕나무로 실현한 복지 정치
- 왕도 철학

나무는 언제나 왕도 철학을 실천한다.

———

● 자신의 길을 걷는 사람은 아름답다. 그래서 중국 전국시대의 맹자는 아름다운 사람이다. 내가 공자만큼 맹자를 좋아하는 것은 자신만의 세계를 구축한 선구자였기 때문이다.

지금의 산동성의 추나라에서 태어난 맹자는 그 누가 반대해도 자신의 생각을 끝까지 밀고 나간 사람이다. 나는 맹자의 '왕도(王道)'를 좋아한다. 그 이유는 그가 왕도를 정치 개념으로 처음 사용했기 때문이다.

왕도는 당시 유행하던 패도(覇道)에 대응한 개념이었다. 지금도 많은 사람들이 최선의 방법을 이야기할 때마다 왕도를 입에 올린다. 왕도는 '왕의 길'이다. 맹자는 왕이 될 수 있는 방법을 죽을 때까지 강조했지만 당시 많은 사람들은 패도를 강조했다. 패도는 '힘으로 왕에 오르는 방법'을 말한다. 맹자는 힘보다는 도덕을 강조했다. 왕도는 공자가 강조한 인(仁)과 의(義)로 하는 정치를 말한다.

내가 맹자의 왕도에 관심을 갖는 것은 인과 의로 하는 정치 때문이 아니다. 정치를 힘으로 하든지, 인과 의로 하든지 간에 결과는 크게 다르지 않다. 결국 권력을 쟁취하는 수단에 불과하기 때문이다. 맹자가 주장한 왕도 정치는 단순히 힘을 대신한 인과 의라는 내용이 아니라 당시 주류를 이룬 패도 정치에 대한 도전이었다.

맹자는 대다수 사람들이 주장하는 패도에 맞서 당당하게 자신만의 방법, 즉 철학을 이야기했던 것이다. 그는 유세가로서 가는 곳마다 자신의 왕도 철학을 주장했다. 그러나 맹자의 왕도 철학은 새로웠지만 현실에 적용하는 데는 한계가 있었다. 인과 의라는 도덕은 혼란과 전쟁 앞에 무기력했기 때문이다.

맹자의 왕도 철학은 전국시대에 주류를 이루지 못했다. 그러나 맹자는 자신의 주장을 절대 굽히지 않았다. 내가 맹자를 좋아하는 이유도 그가 결코 '곡학아세(曲學阿世)'하지 않았기 때문이다. '자신이 배운 것을 세상에 아부하는 것'만큼 나쁜 지식인도 없다. 그러나 전국시대에는 대부분 그런 지식인들이 출세했다.

어느 시대든 곡학아세로 자리를 차지하는 사람들이 있지만 그런 사람들은 시간이 흐르면서 지탄을 받는다. 그들이 지탄받는 이유는 곡학아세가 시대의 흐름에 악영향을 주기 때문이다. 맹자는 아무리 힘 있는 군주에게도 아부하지 않았다. 유세를 하러 가서 당당하게 필요한 돈을 요구했지만, 군주가 자신의 역할 이상으로 돈을 주면 거절했으며 자신의 능력에 맞게 돈을 받았다.

맹자는 자신의 뜻이 관철되지 않으면 고향에서 제자를 가르쳤다. 그가 제자들과 정리한 책이 《맹자》다. 지금의 《맹자》는 각 장마다 상하로 구성되어 있으며 전체 14편이다. 《맹자》에는 맹자가 죽은 후의 장면도 등장하기 때문에 《맹자》를 맹자 생전의 작품으로 보지 않는 경우도 있지만 기본 기획은 생전에 했다는 것이 통설이다. 전국시대의 작품은 《맹자》에서 보듯이 저자의 이름으로 편찬하는 것이 특징이다. 《순자》, 《한비자》 등이 여기에 해당한다.

누구나 자신만의 철학을 꿈꾼다. 그러나 남의 눈치 보는 데 익숙한 한국 사회에서 자신만의 철학을 이야기하기란 결코 쉽지 않다. 한국 사회는 여전히 개성보다는 공동체를 강조하기 때문이다.

나무는 언제나 왕도 철학을 실천한다. 맹자가 왕도 철학을 실현하기 위해서 언급한 나무는 뽕나뭇과의 뽕나무였다. 맹자가 자신의 철학을 실현하기 위해 뽕나무를 언급한 것은 아주 특별한 의미를 갖는다. 뽕나무는 중국 원산일 뿐 아니라 '중국'이라는 '차이나China'의 어원을 낳은 '실크Silk'와 밀접한 관계가 있기 때문이다. 더욱이 '실크로드'에서 알 수 있듯이 뽕나무는 중국은 물론 세계 역사에서 중요한 비단의 원료이다.

맹자가 뽕나무를 강조한 것은 이 나무를 심어야만 나이 많은 사람들이 추위를 이길 수 있다고 생각했기 때문이다. 뽕나무는 맹자의 왕도 정치를 실현하는 데 가장 기본인 노인 복지에 필수인 나무였다. 인과 의를 내세운 맹자의 왕도 정치는 뽕나무를 통한 기초 복지를 실현하는 것이었다.

나무처럼 자신만의 왕도 철학을 만들기 위해서는 무엇보다도 강한 의지가 필요하다. 강한 의지는 '독지(篤志)'다. 독지는 독종 같은 구석이 있어야 한다. 아무리 머리가 뛰어난 사람도 강한 의지가 없으면 목표를 달성할 수 없다.

맹자는 자신의 주장을 관철하는 과정에서 많은 모함을 받았다. 게다가 그의 왕도 철학은 결코 하루아침에 완성된 것이 아니다. 그는 자나 깨나 왕도 철학을 연구하고, 가는 곳마다 자신의 주장을 펼쳤으며 상대방이 맞장구를 치든 무관심하든 관계없이 일관성 있게 행동했다.

맹자가 죽은 지 2천 3백 년이 넘었지만 그가 주장한 왕도는 지금도 사용되고 있다. 그러나 맹자시대에 유행한 패도는 왕도에 밀려 거의 사용하지 않는다. 맹자가 처음 사용한 정치 개념인 왕도 철학이 지금까지 살아남을 수 있었던 것은 임시방편의 논리가 아니라 인간이 일상에서 사용할 수 있는 가장 기본적인 개념이기 때문이다.

우리가 지금 사용하고 있는 언어 중에는 시간이 오래지 않아 사라지는 것이 많지만 일상에서 중요한 언어는 시간이 아무리 지나도 사라지지 않는다. 누군가가 계승하기 때문이다. 내가 맹자의 왕도 철학을 이야기하는 것만 해도 맹자의 왕도 철학이 얼마나 위대한지를 증명한다. 나는 중국인도 아니고, 유학자도 아니다. 그런데도 그의 핵심 사상을 전파하는 것은 그만큼 왕도 철학이 위대하기 때문이다.

　왕도 철학은 이제 맹자만의 철학이 아니라 누구나 사용할 수 있는 보편적인 철학이다. 전국시대의 특수 철학에서 보편의 철학으로 발전한 왕도 철학은 꿈의 철학이다. 맹자는 누구나 왕도를 실현할 수 있다는 가능성을 증명한 사람이다. 당시에는 그 누구도 맹자가 왕도 철학을 실현하리라 믿지 않았다. 그러나 맹자만은 그 가능성을 믿었다. 만약 맹자 스스로 그것을 믿지 않았다면 지금까지 왕도 철학은 계승되지 못했을 것이다. 나도 맹자처럼 나무를 통해 나만의 왕도 철학을 꿈꾼다. 꿈은 꿈꾸는 자만이 실현할 수 있다.

나무를 본받다
- 초간노자

나무가 자신의 결과물을 다른 생명체와 나눌 수 있는 것은
그래야만 자신의 본성을 잃지 않는다는 사실을
잘 알고 있기 때문이다.

● 1993년은 역사적인 해다. 이 해에 호북성에 위치한 2,300년 전 초나라 무덤에서 곽점초묘죽간(郭店楚墓竹簡 : 1993년에 중국 호북성 곽점촌에서 발견된 것으로 중국 전국 말기에 대나무로 쓰여진 문헌)이 나왔기 때문이다. 이때 나온 문헌을 《초간노자》라 부른다. 이 작품은 기존 노자의 《도덕경(道德經)》과 사뭇 다르다. 유가와 노장의 사상이 대립관계가 아니라는 것과 내용의 구성도 달라 기존의 도덕경과는 차이가 있다. 기존의 작품은 제1장이 도를 설명하고 있지만 《초간노자》는 아래와 같이 천지창조를 언급하고 있다.

1장

혼돈 상태에서 이루어진 것이 있었으니

천지가 생기기 전이었다.

소리도 없고 형태도 없이 고요했으며, 외부에 의지하지 않고 홀로였으며, 언제나 자기의 본성을 잃지 않았으니 천하 만물의 근본이라 할 수 있다.

그의 이름을 모르고, 그저 자(字)를 '도(道)'라 불렀다.

나는 억지로 그의 이름을 '대(大)'라 불렀다.

대는 넓기 때문에 이르지 않는 곳이 없고,

이르지 않는 곳이 없으니 한없이 미치고,

한없이 미치니 제자리로 돌아간다.

하늘도 대요, 땅도 대요, 도도 대요, 왕 또한 대다.

나라 안에는 네 가지 대가 있으며,

왕은 그중 하나다.

사람은 땅의 순리에 따르며,

땅은 하늘의 순리에 따르며,

하늘은 도의 순리에 따르며,

도는 자연의 순리에 따른다.

2장

하늘과 땅 사이의 공간은

풀무와 같지 않을까?

텅 비어 있지만 다함이 없으며,

움직일수록 힘은 더욱 세게 나온다.

허에 이르려면 꾸준함이 있어야 하고,

중(中)을 지키려면 독실해야 한다.

(허에 이르러 중을 지키면)

만물은 비로소 (생과 멸을) 시작하며,

모두 제자리로 돌아간다.

하늘의 도는 둥글고 둥글어서,

(만물은) 각각 그 근원으로 돌아간다.

하늘의 도는 둥글고 둥글어서 만물은 각각 그 근원으로 돌아간다. 그래서 인간은 땅을 본받아야 하고, 땅은 하늘을 본받아야 하고, 하늘은 곧 도를 본받아야 하고, 도는 곧 자연을 본받아야 한다. 나무도 둥그니 곧 하늘이다. 그러니 인간은 나무를 본받지 않을 수 없다.

노자는 자신의 철학인 도를 질박한 나무[樸]에 비유했다. 나무는 해마다 잎과 꽃과 열매를 만들면서 성장하지만 하늘의 빛을 품지 않고서는 살아갈 수 없다. 그러나 나무는 하늘의 도움을 받아 만든 결과를 절대 독점하지 않고 다른 생명체와 나눈다. 하늘과 땅 사이에서 살아가는 나무가 자신의 결과물을 다른 생명체와 나눌 수 있는 것은 그래야만 자신의 본성을 잃지 않는다는 사실을 잘 알고 있기 때문이다.

나무는 거의 매년 잎과 꽃과 열매를 통해 생과 멸을 경험한다. 나무는 자신이 만든 결과를 다른 생명체와 나누면서도 결코 미련을 갖지 않는다. 나무가 미련을 갖지 않는 것은 그래야만 새로운 것을 만들 수 있다는 것을 잘 알기 때문이다. 그러나 인간은 끊임없이 자신이 만든 것을 소유하는 데 급급하다. 그래서 인간은 새로운 것을 만들기보다는 나무가 만든 것을 사용하거나 착취하면서 살아간다.

나무는 소유하지 않아야 소유할 수 있다는 것을, 미련을 갖지 않아야 새로운 것을 만들 수 있다는 것을 해마다 보여준다. 노자는 본성을 잃지 않는 자를 '크다'라고 이름 붙였지만, 인간은 나무처럼 본성을 잃지 않는 자를 '성인'이라 불렀다.

성인들은 본성을 잃게 하는 가장 큰 요인을 '욕심'이라 했다. 그러나 '욕심'만큼 어려운 개념도 드물다. 무엇을 욕심이라 부를 것인지, 욕심 없이 어떻게 살라는 것인지 등 의문을 꼬리를 문다. 본성을 가리는 욕심은 곧 '사사로운 욕심'을 의미한다. 그런데 모든 생명체의 경우 살아 있는 것 자체가 욕심이다. 그런데도 많은 선각자들이 욕심 없이 살라고 한다. 고려시대 나옹 혜근 스님의 칠언 율시도 그중 하나다.

청산은 나를 보고 말없이 살라 하고 青山兮要我以無語
창공은 나를 보고 티 없이 살라 하네. 蒼空兮要我以無垢
오로지 사랑도 벗어놓고 미움도 벗어놓고 聊無愛而無憎兮
물같이 바람같이 살다가 가라 하네. 如水如風而終我

청산은 나를 보고 말없이 살라 하고 靑山兮要我以無語

창공은 나를 보고 티 없이 살라 하네. 蒼空兮要我以無垢

오로지 성냄도 벗어놓고 탐욕도 벗어놓고 聊無怒而無惜兮

물같이 바람같이 살다가 가라 하네. 如水如風而終我

나옹선사의 말씀은 듣거나 읽을 때는 참 멋스럽고 좋지만 듣고 나면 어떻게 살아야 할지 막막해진다. 사람들은 살아가면서 사랑도 해야 하고, 화도 내야 하고, 누군가를 미워도 해야 한다. 문제는 그렇게 살라고 하면서 '어떻게' 하면 그런 삶을 살 수 있는지를 이야기하지 않는다면 실천은 결코 쉽지 않다.

나는 '이해관계를 만드는 마음'을 '사사로운 욕심'이라 규정한다. 그래서 가능한 한 이해관계를 없애면 창공과 청산처럼 티 없고 말없이 살아갈 수 있다고 생각한다. 그렇다면 어떻게 해야 이해관계를 만들지 않을까. 물론 사람은 살아가면서 수없이 많은 이해관계와 마주해야만 한다. 그렇지 않고서는 살아가는 것 자체가 어렵다. 그러나 나는 나무의 삶을 통해 그 가능성을 찾았다.

노자가 언급한 사람이 자연을 본받는다는 것은 곧 이해관계를 만들지 않는다는 뜻일지도 모른다. 오로지 자신의 삶에만 집중하는 나무의 자세는 이해관계를 만들지 않는 모습과 다르지 않다. 물같이 바람같이 사는 것도 나무처럼 떨어지는 잎과 열매에 미련을 갖지 않고 오로지 해마다 만드는 데만 집중하면 가능하다. 나무는 결코 복잡하게 생각하지 않는다. 아주 단순하게 자신의 삶에만 몰두한다. 세상은 이해관계로 얽혀 있는 듯 보이지만 인간보다 먼저 이 땅에서 살았던 나무가 지금까지 살아남을 수 있었던 것은 자신을 제외한 그 누구와도 이해관계를 만들지 않는 삶을 살았기 때문이다.

무용과 유용은 한몸에서 자란다
- 무용지용(無用之用)

무용과 유용의 구분은 누군가에게 쓰이느냐에 따라
판단하는 수동적인 자세지만, 무용과 유용을 구분하지 않는 것은
상대방을 전제하지 않는 능동의 자세를 의미한다.

———

● 세상에 필요 없는 존재는 존재하지 않지만 우리
는 '필요 없다'는 말을 자주한다. 나도 종종 "필요 없어"라는 말을 내
뱉는다. 살면서 가장 처참한 순간은 자신의 존재 이유를 알지 못할 때
다. 자신이 세상에 필요 없다고 생각할 때 죽음을 생각하기 때문이다.
그러나 누구든 존재의 이유가 있으며 스스로 존재의 이유를 인정하면
서 살아갈 때 가장 행복하다. 존재의 이유는 지위나 재산과 전혀 관계
가 없으며 몸집이 크든 작든 아무 상관없다.

나무 중에서 뽕나뭇과 무화과나무의 좀벌레는 아주 작은 동물이다.
무화과좀벌레는 코끼리와 비교하면 몸집이 정말 작지만 코끼리와 무
화과좀벌레의 가치는 다르지 않다. 만약 무화과좀벌레가 없다면 무화
과는 열매를 맺을 수도 없고, 아프리카 케냐에 살고 있는 코끼리는 먹

을 양식을 얻는 데 어려움을 겪을지도 모른다.

　동서고금을 막론하고 일찍부터 처세술이 발달했다. 중국 춘추전국시대의 노자와 장자는 독특한 처세술을 제시한 사람들이다. 특히 전국시대 장자의 처세술은 많은 사람들의 심금을 울려 지금까지 큰 인기를 끌고 있다.

　장자의 이른바 '무용지용(無用之用)'은 "쓸모 없음의 쓸모 있음"의 반어법적인 처세술이다. 언어는 시대의 산물이다. 장자의 처세술도 전국시대의 산물이었다. 장자의 언어처럼 아주 오랫동안 사람들에게 영향을 주는 것은 크게 두 가지 이유 때문이다. 하나는 '출처(出處)'이고 다른 하나는 '변용(變容)'이다.

　《장자》처럼 고전의 가치는 일상 언어의 출처를 제공한다는 점이다. 무용지용도 장자가 처음 사용했고 이제 그 말을 사용하려면 반드시 장자를 언급해야 한다. 장자가 무용지용을 언급한 것은 전국이라는 엄청난 변혁의 시대에 출세를 위해서라면 수단과 방법을 가리지 않는 인간 군상의 문제점을 보았기 때문이다. 아니면 자신이 주류 사회에 들지 못하자 나름의 처세술로 무용지용을 언급한 것인지도 모른다. 그러나 지금은 언어 탄생의 배경과 상관없이 장자의 출처로 그 말을 사용할 수밖에 없다.

　나는 문화 변용에 큰 관심을 갖고 있다. 장자의 출처를 그대로 받아들이지 않고 받아들이는 쪽의 상황에 맞추는 것이 변용이다. 장자는 곧은 나무와 굽은 나무를 비교하면서 굽은 나무의 장수 비결을 말했다. 이 이야기 중에 등장하는 나무가 바로 참나뭇과의 상수리나무[櫟]다. 상상을 초월하는 굵기의 상수리나무가 천명대로 살아갈 수 있었던 것은 모습이 울퉁불퉁해서 재목으로 사용할 수 없었기 때문이다. 대신 상수리나무와 달리 아주 곧은 나무들은 일찍부터 재목감으로 잘려나갔다. 장자의 무용지용의 논리는 대기만성과 유사한 논리지만 천명을 누리느냐 혹은 오래 사느냐의 문제에 초점을 맞추고 있다.

천명대로 사는 것은 매우 중요하다. 그러나 삶과 죽음의 문제는 천명대로 사느냐만을 기준으로 평가할 수 없다. 삶의 질도 무척 중요하기 때문이다. 그래서 '무용'과 '유용'의 경계를 애초부터 설정하지 않는 게 중요하다. 무용과 유용의 구분은 누군가에게 쓰이느냐에 따라 판단하는 수동적 자세지만, 무용과 유용을 구분하지 않는 것은 상대방을 전제하지 않는 능동의 자세를 의미하기 때문이다.

지금도 대부분의 사람들은 누군가에게 자신이 쓰이길 강하게 바란다. 물론 자본주의 사회에서 노동자로 살아가기 위해서는 자신의 노동을 돈으로 사 들이는 사람을 만나야만 한다. 그렇지 않으면 생존할 수 없기 때문이다. 그러나 노동자가 자신의 노동을 팔기 위해서 노력한다고 해서 상대방이 전부 인정하는 것은 아니다. 현재 수많은 젊은 이들이 자신의 노동을 팔기 위해 적게는 수십 통, 많게는 수백 통의 이력서를 회사에 보내지만 한 번도 자신의 이력서를 인정받지 못하는

사람도 있다.

나는 대학교를 졸업한 후 여러 차례 방송국에 원서를 넣었지만 '보기 좋게' 모두 떨어졌다. 만약 내가 다른 곳에는 관심을 두지 않고 계속 방송국에 응시했다면 어떤 결과가 나왔을까? 방송국 시험에 낙방한 나는 과연 무용한 인간인가? 그렇지 않다. 나는 다만 방송국 시험에 합격하지 못했을 뿐이다.

방송과 성우는 내가 고등학교 시절부터 꿈꿨던 직업이었다. 성우는 목소리를 통해서 능력을 발휘하는 직업이지만 나는 한 번도 체계적인 교육을 받지 못했다. 그저 혼자서 막연하게 꿈만을 꿨을 뿐이니 실현 가능성이 없는 것이 당연했다.

나는 대학 졸업 후 방송국 시험에 낙방한 후 방송국과 전혀 관계가 없는 대학원 시험을 준비했다. 내가 대학원 시험을 준비한 것은 학문에 엄청난 열정을 갖고 있어서가 아니라 당시 내 능력으로 지원할 만한 회사가 없었기 때문이다. 더욱이 대학원에 입학할 만큼 집안 형편이 좋았던 것도 아니어서 부모님은 흔쾌히 수락하지 않았다. 농촌에서 대학 졸업도 힘든 일인데 아무 보장도 없는 대학원 입학은 더더욱 이해와 지원을 기대할 수 없었다. 그러나 나는 직장을 얻을 능력도 없었을 뿐더러 강하게 도전할 용기도 없었다.

내가 대학원에 들어간 것은 무용과 유용을 생각하지 않고 그저 마음 가는 대로 선택한 결과였다. 딱 한 가지 기대한 것은 학과 조교였다. 당시 학과 조교는 등록금을 장학금으로 주었기 때문이다. 나는 대학원에 들어가면 조교를 할 수 있다는 이야기로 겨우 입학할 수 있었지만, 조교를 보장받은 것은 아니었다. 그나마 다행스럽게 입학과 동시에 조교를 할 수 있었다.

나는 지금도 당시 대학원 입학을 나의 학문적 능력을 고려해서 판단했다면 어떤 결과가 나왔을지 무척 궁금하면서도 아찔한 생각을 지울 수 없다. 많은 사람들이 자신의 능력을 쉽게 판단하거나 포기한다. 과연 학자로서 유용한지 무용한지를 판단할 수 있는 기준은 무엇일까. 어학 능력일까, 글쓰기일까. 나는 당시 어학도 글쓰기도 잘하지 못했다.

무용과 유용을 구분하는 순간, 인간의 능력은 손상된다. 나는 입학 당시 그 어떤 것도 학자로서의 자질을 갖지 못했지만 지금 학자의 길을 걷고 있다. 나를 학자의 길로 이끈 것은 '의지'였다. 의지는 자신의 능력을 길러내는 중요한 힘이다. 다른 사람이 볼 때 보잘것없는 능력도 의지만 있다면 얼마든지 의미 있는 능력으로 바꿀 수 있다.

나는 흔히 국제화시대에 갖추어야 할 어학 능력을 겸비하지 못했다. 만약 어학을 중심으로 나를 평가한다면 나는 당장 사표를 내고 학교를 떠나야 한다. 그러나 나는 스스로 어학 능력이 부족한 나를 위로한다. 어학 능력이 어느 정도라도 있었다면 지금의 나는 없었을 것이다. 어학 능력으로 살아가기 위해서는 상당한 수준을 갖춰야 하기 때문이다. 그러나 나는 아무리 노력해도 어학의 경우 상당한 능력을 발휘할 자신이 없다. 특히 한문을 제외한 다른 어학은 관심이 거의 없다. 만약 내가 어학 실력을 높이기 위해 시간을 투자한다면 어떤 결과를 낳을까. 외국인과 자유롭게 대화하면서 행복하게 살아갈 수 있을까? 나의 연구실 주변에는 외국인들이 많다. 그러나 나는 아직도 외국인과 한 번도 이야기를 나누지 않았다. 외국인과 대화할 만큼 영어 실력이 좋지 않기 때문이기도 하지만 굳이 할 얘기도 없기 때문이다. 내가 관심을 갖는 나무에 대해 그들에게 물어볼 것도 없고 그들과 대화하기 위해 영어를 배울 필요는 없다. 그 시간에 내 일에 투자하는 것이 훨씬 효율적인 삶이다.

나는 한문을 제외한 다른 어학을 포기하면서 나의 능력을 충분히 발휘할 수 있었다. 그러나 외국어에 대한 나의 무용은 쓸모없는 것이 아니라 나의 다른 능력을 발휘케 하는 유용이다. 그래서 무용과 유용은 한 몸 속에서 자란다. 두 요소를 분리하는 순간 불행이 시작될지도 모른다.

고요한 나무는 없다
- 정중동의 철학

나무는 정적이면서도 동적이며, 동적이면서도 정적이다.
언제나 모든 생명체는 동과 정, 정과 동을 한 몸에 안고 있다.

―――

● 나는 대학 2학년 때 처음 《논어》를 만났다. 부전
공으로 한문을 택했기 때문이다. 당시 수업 시간에 《논어》 원문을 반
정도 배우다가 나머지는 같은 내용을 네 번씩 써서 기말 보고서로 제
출했다. 그래서 나는 알든 모르든 2학년 때 《논어》를 한 번 정도 본 셈
이다.

졸업 후 4년 뒤 대학원을 졸업할 즈음 다시 중국 남송의 주희가 해
설을 모은 《논어집주(論語集註)》를 몇 년에 걸쳐 읽었다. 당시 《논어》
를 읽으면서 지금까지 가슴에 남아 있는 구절은 《논어》의 〈옹야(雍
也)〉편 공자 이야기다.

지혜로운 자는 물을 좋아하고, 인한 사람은 산을 좋아한다. 지혜

로운 사람은 동적이며, 인한 사람은 정적이다. 지혜로운 사람은 낙천적이며, 인한 사람은 장수한다.

주희는 공자의 말을 다음과 같이 풀이했다.

"지혜로운 사람은 사리에 통달해서 막힘이 없어 물과 비슷하다. 그래서 지혜로운 자는 물을 좋아한다. 인한 사람은 의리에 편안해서 중후하고 옮기지 않아서 산과 같다. 그래서 인한 사람은 산을 좋아한다. 동적인 것과 정적인 것은 체(體)로 말한 것이고, 낙과 수는 효과로 말한 것이다. 동해서 막하지 않으므로 즐거워하는 것이고, 정해서 일정하기 때문에 장수하는 것이다."

주희의 스승인 정자는 공자의 이 말에 대해 "인과 지를 체득하지 않고서는 이같이 표현할 수 없을 것이다"라고 평가했다.

공자의 말에 대한 주희와 정자의 평가는 동과 정의 관계를 이해하는 데 큰 도움을 준다. 흔히 공자의 말을 빗대서 '요산요수(樂山樂水)'라 부른다. 그런데 나는 늘 공자의 이 말에 대해 왜 인자와 지자를 구분했는지 의문을 갖고 있었다. 공자의 말에 대한 나의 이러한 의문은 학부 시절부터 본격적으로 드러났다. 나는《논어》발표 시간에 관련 내용을 나름대로 해석하곤 했다. 그러나 담당 교수는 나의 해석이 좀 심하다고 생각되면 교수의 표현을 빌리면 '기고만장(氣高萬丈)'이라 혹평했다. '기본도 모르면서 설친다'는 뜻이다. 내가 학부 시절부터 지금까지 줄곧 공자의 말에 의문을 갖는 것은 무조건 받아들이는 묵수(墨守)에 대한 불만 때문이었다. 그러나 서당식 교육에 익숙한 사람은 스승의 말을 절대 거역할 수 없다. 다만 그 덕분에 일정한 해석에 대한 기본을 익힐 수 있다. 당시 담당 교수는 그런 기본도 없는 나를 꾸지람한 것이었다.

나는 지금 지혜로운 자와 인자를 동정으로 구분한 것에 동의하지 않는다. 인자든 지혜로운 자든 정과 동을 함께하기 때문이다. 인자가 지혜롭지 않다면, 지혜로운 자가 인하지 않다면 진정 인자나 지혜로운 자가 아닐 것이다. 사람의 성향을 물과 산, 산과 물로 이분한다는 것 자체가 모순이다. 주희는 인과 지를 체용(體用 : 사물의 본체와 그 작용, 또는 원리와 그 응용을 통틀어 이르는 말)의 논리로 정리했지만 체용의 관계는 애초부터 이분하지 않는 것이다.

체와 용은 불교 용어다. 체와 용은 공과 색의 관계처럼 둘로 나눌 수 없으며 체와 용을 나누는 순간 불행이 시작된다. 중국과 한국은 체와 용을 둘로 나누는 과정에서 서구 열강의 침략을 받았다. 체와 용, 동과 정을 나누면 정신과 육체를 나누는 것과 같은 현상이 일어난다. 육체가 사라진 뒤 정신이 남는다는 것은 혼(魂)과 백(魄)의 논리처럼 신앙의 차원으로 빠져버린다.

중국과 한국의 전통시대 지식인들은 동양의 정신이 서양을 앞섰다고 생각했다. 그래서 서구 열강이 침략했을 때 서양의 기술만 수용했다. 중국에서는 중체서용(中體西用 : 중국 본래의 유학을 중심으로 하되 서양의 과학과 기술을 도입하여 부국강병을 이룩하자는 사상)이라 불렀고, 한국에서는 동도서기(東道西器 : 동양의 도덕, 윤리, 지배질서를 유지한 채 서양의 기술을 받아들여 부국강병을 이룩하자는 사상)라 불렀다.

중체서용과 동도서기는 전형적인 이분법이다. 중국과 한국은 중체 서용과 동도서기의 논리에 따라 근대화를 시작했다. 그러나 결과는 식민지와 반식민지였다. 아직도 중국의 제자백가서를 근거로 아시아 가 정신적인 측면에서 서양을 앞섰다고 생각하는 사람들이 적지 않 다. 생태계 문제가 발생하면 아시아는 자연을 보존했지만 서양은 파 괴했다는 논리를 펼치는 사람들도 있다. 그렇다면 중국이 황사의 진 원지인 까닭은 어떻게 설명할 수 있을까?

고전의 내용 중에는 통시대적으로 받아들일 수 있는 것도 있지만 시대적으로 수용해야 할 것도 있다. 이른바 경전의 내용을 통시대적 으로 받아들이면 재앙을 불러온다. 중국과 한국의 전통시대 지식인들 이 범했던 오류가 바로 경전을 통시대적으로 받아들인 점이다.

청나라는 중체서용의 논리로 양무운동과 변법자강운동을 실시했 지만 스스로 근대화를 이루지 못했다. 우리나라도 동도서기에 입각해 서 개항했지만 자강하지 못했다. 중국과 한국의 전통시대 지식인들은 성리학이 서양의 사상에 비해 우수하다고 생각했던 것이다. 그러나 성리학자들은 끝내 서양의 우수한 기술이 용이 아니라 체라는 사실 을 이해하지 못했다. 현재도 적지 않은 지식인이 성리학자와 같은 이분법에 매몰되어 있다. 예컨대 공과대학에서 인문학 관련 프로그램을 만들면 대부분의 교수들은 의아하게 생각한다. 나는 이런 경우를 종종 경험한다.

나는 작년에 융합학문으로 '인문기계자동차전공'을 설계했다. 사업의 특성상 우여곡절 끝에 전공으로 살아남았지만 적잖은 진통이 있었다. 대부분 기계와 자동차를 인문학으로 본다는 발상 자체를 이해하지 못하기 때문이다. 전공을 운영하고 있는 지금도 내가 구상한 대로 이루어지는 것이 아니라 왜곡해서 진행되고 있다.

나무와 풀을 식물이라 부른다. 식물의 '식'은 '움직이지 않는 모습'을 의미한다. 사람들은 땅에 뿌리를 내리고 있으면 움직이지 않는다고 생각한다. 그래서 식물은 정적인 존재이고, 동물은 동적이라 여긴다. 겉으로 보면 맞는 말 같지만 자세히 보면 맞지 않는 말이다.

이러한 해석은 중국에서 만든 음양사상과 유사하다. 남자는 동적이고, 여자는 정적이라고 보는 것이 음양사상의 원리다. 그래서 하늘은 동적이고, 땅은 정적이다. 조금만 깊게 생각하면 이러한 생각이 얼마나 엉터리인지 알 수 있다. 음양은 현상을 단순화해서 도식으로 만든 데 불과하다. 그런데도 이와 관련한 이른바 전문가들은 온통 음양으로 모든 것을 해석한다. 더욱 놀라운 것은 그런 해석을 아직도 믿는 사람이 있다는 사실이다.

나무는 정적이면서도 동적이며, 동적이면서도 정적이다. 세상의 어떤 생명체도 전적으로 동적이거나 정적일 수 없다. 언제나 모든 생명체는 동과 정, 정과 동을 한 몸에 안고 있다. 그래서 동과 정을 변증법적으로 이해하지 않으면 영원히 문제의 본질을 이해할 수 없다. 중국 한나라 때 한영(韓嬰)이 《시경(詩經)》을 풀이한 《한시외전(韓詩外傳)》에 "나무는 고요하려 하나 바람이 그치지 않고, 자식은 봉양하려 하나 부모는 기다리지 않는다"는 구절에서도 나무의 동정을 알 수 있다.

이런 연유로 '풍수지탄(風樹之嘆)' 혹은 '풍목지비(風木之悲)'라는 단어가 탄생했다. 나무가 어떻게 정할 수 있으며, 나무가 어떻게 동할 수 있는가? 나무와 바람은 불가분의 관계다. 나무는 바람을 만나지 않으면 살아갈 수 없고, 나무는 다시 바람을 만든다.

때에 맞게 행동하라
- 시중지도(時中之道)

때를 안다는 것은 나아갈 때와 물러설 때를 아는 것처럼
삶에서 굉장히 중요한 행동 양식이다.
나무는 잎을 만들 때, 꽃을 피울 때, 열매를 맺을 때를 잘 알고 살아간다.

———

● 살다 보면 자주 섭섭한 마음이 생긴다. 나도 살면서 수없이 많이 섭섭한 마음을 경험했다. 내가 살면서 가장 섭섭했던 경험은 중학교 3학년 시절 둘째 형이 군에 입대할 무렵이었다.

고등학교를 졸업한 형은 부산의 어느 회사에 다니다가 입대하기 위해 집에 왔다. 그때 나는 어머니 심부름으로 면소재지에 가서 물건을 사 왔다. 나는 물건을 사면서 어머니 허락도 없이 줄넘기를 하나 샀다. 당시 줄넘기를 하고픈 마음이 아주 컸기 때문이다. 그러나 집에 와서 어머니께 거스름돈을 주면서 줄넘기를 샀다고 하자 어머니는 노발대발했다. 나는 어머니의 갑작스런 행동에 적잖이 놀랐다. 어머니가 나를 매몰차게 야단친 것은 심부름하면서 준 돈이 형이 힘들게 번 돈이었기 때문이었다. 어머니는 형이 고생해서 번 돈을 내가 함

부로 사용했기 때문에 철없다고 생각했던 것이다. 더욱이 어머니께서
는 아들이 군에 입대하는 마당에 막내 놈이 어머니의 마음도 모르고
설치는 꼴을 견디지 못해 나를 야단친 것이었다. 그러나 당시 나는 어
머니의 야단에 무척 섭섭해서 방에 들어가 엉엉 울었다. 그때 셋째 형
이 들어와 우는 나를 야단쳤다. 셋째 형은 "뭐, 니가 잘했다고 우노?"
라고 하면서 몇 차례 야단쳤다. 나는 더욱 서운한 마음에 펑펑 눈물을
흘렸다.

그다지 비싸지도 않은 줄넘기를 샀을 뿐인데 어머니와 셋째 형에
게 크게 야단맞았다는 생각에 나는 엄청나게 서운한 마음이 들었다.
어린 시절의 그러한 섭섭한 경험은 그 이후 나의 머릿속을 떠나지 않
았다. 나는 그 이후 왜 사람은 섭섭한 마음이 생길까를 곰곰이 생각했
다. 나는 어떤 일을 경험하면 계속 곱씹으면서 나름대로 해결 방법을
찾는 버릇이 있다.

팽나무의 눈물

밤새도록 섭섭한 마음
달래는 방법을 찾다가
문득,
눈썹을 생각했다.

섭, 섭은 혼자라서 외로워
눈물조차 흘리지 못하지만,
눈, 썹은 섭이 둘이라서
외로움을 달랠 수 있으니까.

하루 종일 가슴 터지도록 울부짖다가
눈썹을 힌 번 누르면
섭섭한 마음
달랠 수 있다고 생각했다.

겨울철 바닷가,
한 그루 팽나무에 걸린
섭섭한 마음을 내려놓으려
나무에 오르는데
갑자기 눈물이 '팽' 돌더니

한 방울 눈물이
눈썹을 타고
그만
바다에 떨어져버렸다.

나 무 예 찬

나는
눈물을 찾기 위해
바닷물이 마를 때까지
팽나무에서 내려오지 않았다.

나는 어린 시절 그 일을 경험한 후부터 엄청나게 섭섭한 마음을 경험하지 않았다. 그런데 살면서 섭섭한 마음을 가질 만한 상황이 없었던 것은 아니다. 그 이후 섭섭한 마음을 경험하지 않은 것은 미리 섭섭한 마음을 차단하는 힘이 생겼기 때문이다. 내가 섭섭한 마음을 미리 차단하는 것은 섭섭한 마음을 갖는 순간 평상심을 잃어서 몸이 힘들기 때문이다. 섭섭한 마음이 생기는 원인을 알면 섭섭한 마음을 줄일 수 있다.

섭섭한 마음은 상대방의 마음을 이해하지 못할 때 생긴다. 내가 어머니께 섭섭한 마음을 가진 것은 군에 입대하는 형의 마음과 아들을 군에 보내는 어머니의 마음을 전혀 생각하지 않았던 탓이다. 나는 오로지 줄넘기를 갖고 싶다는 생각뿐이었다. 섭섭한 마음이 생긴 원인은 줄넘기가 아니라 줄넘기를 산 시점에 있었던 것이다. 상대방의 마음을 읽는 것도 당시의 상황을 파악하는 과정이다. 상황에 따라 같은 일도 옳을 수도 그를 수도 있다. 그래서 섭섭한 마음의 생성 여부는 때에 맞게 생각하느냐에 달렸다.

때에 맞는 것을 '시중(時中)'이라 한다. 때에 맞게 행동하는 것을 '시

중지도(時中之道)'라고 한다. 내가 어머니와 형의 마음을 제대로 파악하지 못한 것은 때에 맞게 행동하지 못했기 때문이다. 결국 섭섭한 마음은 어머니와 형님의 행동 때문에 생긴 것이 아니라 나의 태도 때문에 발생한 것이다.

시중지도는 단순히 '임기응변'을 일컫는 말이 아니다. 때를 안다는 것은 나아갈 때와 물러설 때를 아는 것처럼 삶에서 굉장히 중요한 행동 양식이다. 나는 줄넘기를 살 때와 사지 말아야 할 때를 몰라서 섭섭한 마음을 자초했다. 그러나 그러한 섭섭한 마음을 어머니와 형의 탓으로 돌려서 스스로 슬픔을 만들었다.

나는 어머니와 형의 마음을 이해하는 데 수십 년의 세월을 보냈다. 때를 아는 데는 개인의 경험이 중요한 역할을 한다. 《맹자》의 〈양혜왕〉 편에 나오는 아래 구절은 때의 중요성을 알려주는 명구다.

> 농사철을 어기지 않으면 곡식을 모두 먹을 수 없고, 촘촘한 그물을 웅덩이와 연못에 넣지 않으면 고기와 자라를 모두 먹을 수 없으며, 도끼와 자귀를 때에 따라 숲에 들어가게 하면 재목을 모두 사용할 수 없다.

나무는 때를 잘 맞춰서 살아가는 존재다. 나무는 잎을 만들 때, 꽃을 피울 때, 열매를 맺을 때를 잘 알고 살아간다. 나무는 사는 곳에 따라 잎을 만들고, 꽃을 피우고, 열매를 맺는 시기가 다를 뿐 아니라 같은 곳일지라도 해마다 꽃이 피는 시기가 다르다. 그래서 한 그루의 나무가 살아가는 모습을 만나기 위해서는 여러 차례 찾아가야 하는 수고를 아끼지 말아야 한다.

나는 경남 밀양시 단장면 구천리의 이팝나무의 꽃을 보러 여러 차례 갔지만 때를 못 맞춰 한 번도 만개한 모습을 보지 못했다. 그러나 그곳의 이팝나무는 때를 맞춰 꽃을 피운 덕분에 나무 아래에는 수없이 많은 씨앗이 남아 있다. 나무는 때를 놓치지 않기 위해 한순간도 한눈팔지 않는다. 내가 구천리의 200살 이팝나무의 만개한 꽃을 보지 못한 것은 그만큼 절실하지 않았기 때문이다. 나무처럼 오로지 한곳에 마음을 두었다면 얼마든지 볼 수 있었을 것이다.

누구나 살면서 섭섭한 마음을 경험하지만 어떻게 그것을 줄일 수 있느냐에 따라 행복한 삶을 누릴 수 있느냐를 어느 정도 결정한다. 자주 섭섭한 마음을 갖는 사람은 그 마음 때문에 순식간에 기분을 망친다. 순식간에 기분을 망치다 보면 행복할 순간이 줄어들 수밖에 없다.

보통 사람들은 하느님과 부처님에 대해서는 섭섭한 마음을 갖지 않다가 사람에 대해서 섭섭한 마음을 갖는다. 하느님과 부처님께 섭섭한 마음을 갖지 않는 것은 늘 자신의 소리를 전달하기 때문이다. 혹 하느님과 부처님께 기도해서 성취하지 못하더라도 자신의 정성 부족 탓으로 돌리면서 한층 열심히 기도한다. 그러나 인간은 늘 자신보다 상대방에게 기대를 많이 하지만, 상대방은 기대에 절대 부응하지 않

는다. 오히려 상대방도 자신보다 기대하기 마련이다. 그래서 서로 상
대방에게 기대하다 보면 섭섭한 마음은 점차 쌓이고, 섭섭한 마음이
쌓일수록 원망도 싹트는 법이다.

섭섭한 마음이 원망을 낳으면 위험하다. 원망이 쌓이면 몸이 무척
상하기 때문이다. 문제는 섭섭한 마음의 상대방은 전혀 그것을 눈치
채지 못한다는 사실에 더욱더 속이 상한다. 이 지점에서 악순환이 시
작된다. 악순환의 고리를 끊기 위해서는 섭섭한 마음의 싹을 애초부
터 잘라야 한다. 섭섭한 마음의 싹은 순식간에 자를 수 있다. 그 싹이
돋는 곳은 바로 자신의 마음이기 때문이다.

스스로 짓는 복과 화
- 호연지기(浩然之氣)

복은 밖에서 오는 것이 아니라 안에서 만드는 것이다.

———

● 인간은 자신을 보호하는 대상을 밖에서 구하는 경우가 아주 많다. 나의 어머니도 생전에 해마다 자식들의 안녕을 위해 부적을 주셨다. 그래서 어머니 생전에는 지갑에 부적을 넣고 다녔다. 부적의 힘을 믿지 않지만 어머니의 정성만은 믿기 때문이다.

인류는 오래전부터 나무의 힘을 빌렸다. 전국 곳곳의 신목(神木) 혹은 우주목(宇宙木)은 인간이 나무의 힘을 빌렸던 구체적인 증거다. 인간이 만약 나무에게 뭔가를 기도한다면 과연 나무는 인간의 기도를 들어줄까. 믿음의 문제는 지극히 개인적이면서 내밀한 일이라서 쉽게 판단할 수 없다. 나의 입장만 이야기하면 나무는 사람의 기도를 들어주지 않는다. 왜냐하면 나무는 자신의 생존에만 신경 쓸 뿐이지 사람의 기도를 들어줄 겨를이 없기 때문이다.

인간은 복(福)에 대해서 일찍부터 관심을 가졌다. 그래서 요즘도 많은 사람들이 '복 많이 받으세요'를 큰 인사로 건넨다. 그런데 복을 받으라고 한다면 누군가가 준다는 뜻이다. 과연 복은 누가 주는 것일까. 식권 받듯이 복은 받을 수 있는 대상인가.

많은 사람들은 복을 누군가 준다고 생각했다. 예컨대 좋은 일 하는 사람들에게 '복 받을 것입니다'라는 덕담을 건네는 것도 복을 밖에서 주는 것으로 여기는 경우다. 그러나 맹자는《맹자》의 〈공손추장구상 (公孫丑章句上)〉편에서 복을 밖에서 주는 것으로 생각하지 않았다.

화(禍)와 복은 자기에게 구하지 않는 것이 없다.

맹자는 스스로 화와 복을 짓는다고 생각했다. 맹자의 이러한 생각은 맹자시대 이전부터 유행했다. 중국 고대 오경(伍經) 중 하나인《상서(尙書)》의 〈상서(商書)〉편에서 확인할 수 있다.

왕이 머리를 땅에 대면서 다음과 같이 말했다. "나 소자는 덕에 밝지 못해서 스스로 불초함에 이르러 욕심으로 법도를 무너뜨리고 방종으로 예를 무너뜨려 이 몸에 죄를 불렀으니, 하늘이 지은 재앙은 오히려 피할 수 있으나 스스로 지은 재앙은 피할 수 없습니다. 이미 스승의 가르침을 저버려 그 처음에는 잘하지 못했으나 행여 바로 잡아주는 덕을 힘입어 그 끝을 잘 마칠 수 있길 바랍니다."

맹자는 위의 구절 중에서 "하늘이 지은 재앙은 오히려 피할 수 있으나 스스로 지은 재앙은 피할 수가 없습니다[天作孽 猶可違 自作孽 不可道(活)]"를 인용했다. 이는 곧 하늘이 화와 복을 주는 것이 아니라 자신이 만든다는 뜻이다. 나는 이 말을 믿는다. 그러면 어떻게 하면 스스로 복을 만들 수 있을까. 《상서》의 〈상서〉 편에서 해답을 찾을 수 있다.

위의 인용문은 중국 상나라, 즉 은나라의 태갑(太甲), 즉 태종이 스승인 이윤(伊尹)의 가르침대로 정치를 하지 않아 쓴 반성문이다. 이에 대해 이윤은 다음과 같이 태갑 왕에게 말했다.

몸을 닦으며 진실한 덕이 아래에 화합함은 현명한 군주입니다.

이윤의 말은 몸을 닦고 진실한 덕을 갖추면 스스로 복을 만들 수 있다는 뜻이다.

나는 맹자의 가장 큰 장점이었던 '호연지기(浩然之氣)'를 복을 만드는 중요한 원리라 생각한다.

그 기됨이 아주 크고 아주 강하니 정직함으로써 잘 기르고 해침이 없으면 (호연지기가) 천지의 사이에 꽉 찬다. 그 기됨이 의(義)와 도(道)에 잘 부합되니 이것이 없으면 굶주린다. 호연지기는 의리를 많이 축적해서 생기는 것이다. 의는 하루아침에 갑자기 엄숙해서 흔히 말하는 호연지기는 산에 가서 산림욕(山林浴)을 한다고 길러지는 것이 아니다. 사람의 길을 일러주는 '의'는 안에서 생성되는 것이다. 결국 복은 밖에서 오는 것이 아니라 안에서 만드는 것이다. 그런데도 여전히 많은 사람들이 밖에서 복을 찾기 위해 '복권(福券)'을 산다.

어떤 사람은 복을 얻기 위해 매주 로또 복권을 산다. 복권을 사면 매주 당첨을 기대하는 마음으로 살아갈 수 있다. 나도 아주 힘든 시절에 두 차례 정도 복권을 산 적이 있다. 그러나 한 번도 당첨된 적이 없다. 간혹 낮은 금액에라도 당첨되면 그 금액으로 더욱 많은 복권을 사서 복을 기대한다.

우리나라 사람들의 복권을 통한 복에 대한 기대 덕분에 정부의 복권 수입은 3조 5천억 원에 이른다. 그러나 정작 복권으로 복을 누리는 사람은 극소수이며 설령 복권에 당첨되더라도 전적으로 복을 가져다준다는 보장도 없다. 세계적으로 복권에 당첨된 사람들 중 복보다 화를 얻은 사례가 적지 않기 때문이다. 물론 정부의 복권 수익 중 절반은 저소득층을 비롯한 어려운 사람들에게 투자한다. 이런 점에서 복권을 사는 사람은 다른 사람들에게 복을 주는 존재일지도 모른다.

그러나 누구든 스스로 자신의 복을 구하지 못한다면 아무리 복권기금이 다른 사람들을 위해 쓰인다 하더라도 바람직하지 않다.

맹자가 호연지기를 언급한 것은 '부동심(不動心)'과 밀접한 관계가 있다. 나를 포함한 많은 사람들이 외부에서 복을 찾는 유혹에서 벗어나기 어렵다. 부동심은 군자와 소인을 구분하는 중요한 기준이다. 전통시대에서 사용한 군자와 소인은 덕을 기준으로 삼았다. 덕은 인·의·예·지를 의미한다. 군자는 자신이 뜻하는 바를 어떤 어려움이 닥치더라도 쉽게 포기하지 않고 밀고 나간다. 그러나 소인은 조그만 변화에도 자신의 뜻을 포기한다. 그래서 군자는 조선시대 양반 모두를 지칭하지 않는다. 양반 중에서도 소인처럼 행동하는 사람이 아주 많았기 때문이다.

마음을 다잡고 자신의 의지를 관철시키는 노력이 무엇보다도 필요하다. 그렇지 않으면 끊임없이 외부에서 복을 구해야 한다. 외부에서 복을 구하는 한, 복은 얻을 수 없다. 왜냐하면 다른 존재는 자신의 복을 짓느라 남에게 줄 복이 없기 때문이다. 이 같은 원리는 아주 간단해서 실천하는 데 큰 어려움이 없다. 그러나 세상에서 가장 어려운 것이 간단한 일이다. 사실 일상에서 간단한 원리만 실천할 수 있다면 무슨 걱정이겠는가. 거창한 일을 하는 것보다 아주 사소한 것부터 실천하면 묘목이 큰 나무로 자라듯이 큰일도 쉽게 실천할 수 있다.

손가락 하나를 펴서 상대방을 욕하면 나머지 네 개의 손가락은 자신을 향한다. 주먹은 펴는 것만큼 움켜쥐는 것이 중요하다. 손가락을 움켜쥐면 모든 손가락이 자신을 향한다. 우리는 어떤 의지를 강하게 드러낼 때 손가락을 움켜쥔다. 손가락이 자신을 향할 때 힘이 생기기 때문이다. 손가락이 늘 남을 향해 있으면 몸에 기를 축적할 수 없다. 오로지 모든 것이 자신을 향하게 할 때 엄청난 에너지를 밖으로 드러낼 수 있다.

경계하고 또 경계하다

인간은 죽을 때까지 감춰야 할 것들이 있다.
성찰은 드러나지 말아야 할 것들을 감추는 역할을 한다.

———

● 조선시대 양반들은 출입할 때 반드시 부모에게
알렸다. 이 같은 이야기는 《예기(禮記)》의 〈곡례상(曲禮上)〉 편에서 확
인할 수 있다.

무릇 사람의 자식 된 자는 밖에 나갈 때 반드시 부모에게 행선지
를 이야기하고, 집에 돌아와서는 반드시 부모의 얼굴을 뵙고 돌아
왔다는 것을 알려야 한다. 노는 곳은 반드시 일정해야 하고, 익히
는 것은 반드시 성과가 있어야 하며, 항상 자신이 늙었다고 말하지
않도록 주의해야 한다. 나이가 두 배 많은 사람을 대할 때는 부모
처럼 섬기고, 10년 연장자를 대할 때는 형처럼 섬기고, 5년 연장
자를 대할 때는 어깨를 나란히 하되 뒤를 따른다. 다섯 사람 이상

이 한 자리에 있는 경우에 연장자의 좌석은 반드시 달리해야 한다.

이처럼 조선시대 양반들은 출입할 때 '출필곡반필면(出必告反必面)'했다. 그들은 언제나 자신의 행선지를 부모에게 알렸고 돌아와서는 부모를 뵙고 자신의 부재중 안부를 알려드렸다. 그들은 사당에 가서도 자신의 행선지를 알렸으며 돌아와서도 똑같이 했다. 조상을 모신 사당은 부모의 부모가 계신 곳이었기 때문이다.

양반들의 이러한 행동 양식은 단순한 효도를 넘어 철저한 성찰을 의미한다. 출필곡반필면은 언제나 자신을 돌아보게 만든다. 그래서 위의 인용문은 《소학(小學)》에도 수록되어 있다. 주자의 제자인 유자징(劉子澄)이 엮은 《소학》은 어린아이들이 읽은 책이지만 조선시대 점필재 김종직이나 그의 제자 한훤당 김굉필과 일두 정여창 등이 평생 읽었을 만큼 성리학의 필독서였다. 나도 《소학》을 읽었지만 이 시대에 《소학》의 내용처럼 살기란 거의 불가능하다. 그러나 《소학》의 현대적 가치는 무엇보다도 자기 성찰이다.

《소학》은 일상에서 일어나는 모든 것을 담고 있다. 《소학》은 중국 남송시대에서 청대까지, 우리나라 조선시대의 모든 성리학자들의 삶을 단속한 검찰 같은 책이었다. 성리학자들은 생활지침서로서의 《소학》을 통해 인간의 기본 자세를 체득하면서 살았다. 그러나 현대인은 성리학자들처럼 체득하는 삶을 살기가 무척 어렵다. 시대가 변해서 체득하지 않고서도 살아갈 수 있는 부분이 아주 많지만 그래도 체득은 일상에서 무척 중요하다. 어릴 때부터 체득의 삶을 살지 못하면 자라서도 스스로 할 수 있는 일이 많지 않기 때문이다.

정치가들에게도 체득은 긴요한 사항이다. 특히 정치 지도자의 경우 체득의 삶을 경험하지 못하면 국민들에게 재앙을 줄 수 있다. 그래서 맹자는 《맹자》의 〈양혜왕장구하(梁惠王章句下)〉편에서 다음과 같이 경고했다.

> 맹자께서 말했다. "흉년과 기근에 군주의 백성 중 노약자들의 시신이 골짜기에 뒹굴고, 장정들은 흩어져서 사방으로 간 자가 몇 천 명인데도 군주의 창고에는 곡식이 가득하고 관할 행정관청의 창고에는 재화가 가득한데도 담당자 중에서 아뢴 자가 없었다. 이는 윗사람들이 태만해서 아랫사람을 잔혹하게 해친 것이다. 증자(曾子)가 말하길, '경계하고 경계하라. 네게서 나온 것은 네게로 돌아간다[戒之戒之, 出乎爾者, 反乎爾者也]'라고 했다. 백성들이 지금에서야 되갚을 것이니 군주께서는 허물하지 마소서."

최고 지도자나 관료들의 국민에 대한 자세는 그들의 삶이 결정한다. 자신들이 어떻게 살았느냐에 따라 국민을 대하는 자세가 다르다. 성장 과정에서 인간에 대한 철학을 제대로 갖추었다면 관직에 있어도 전혀 문제를 일으키지 않는다. 반면 성장 과정에서 인간에 대한 기본 철학을 갖추지 못하면 언젠가 큰 문제를 일으킬 수밖에 없다. 나는 역사 속에서 그런 사례를 수없이 보았다. 최근 우리나라에서 문제를 일으키고 있는 사람들은 대부분 성장 과정에서 문제의 요인을 안고 있었다. 지도자의 역량도 결정적인 순간에 모두 드러나는 법이다.

기본을 갖추지 못한 사람은 아무리 벼락치기 공부를 하더라도 보자기의 송곳처럼 한계를 드러낸다. 내가 말하는 기본은 단순히 지식의 문제가 아니라 생각의 자세, 행동 등 삶에 대한 진지한 마음가짐을 의미한다. 삶에 대한 진지한 태도를 갖지 못하면 아무리 시간이 지나더라도 근본적으로 바뀌지 않는다. 정말 철저하게 성찰하지 않으면 불쑥불쑥 한계를 드러낸다.

체득은 오랜 시간이 걸린다. 단숨에 뭔가를 달성하기 위해서 아무리 애쓰더라도 쉽지 않다. 요즘 인터넷이나 스마트폰에서 일어나는 '말의 재앙'인 '설화(舌禍)' 혹은 '글의 재앙'인 '문화(文禍)'는 결코 우연히 일어나는 것이 아니라 평소의 생각을 드러내는 데 지나지 않는다. 나도 아무리 신경을 쓰더라도 쉽게 고칠 수 없는 것들이 아주 많다. 그러나 매일매일 경계하고 경계하면 밖으로 드러내지 않고 감출 수 있다.

인간은 죽을 때까지 감춰야 할 것들이 있다. 성찰은 드러나지 말아야 할 것들을 감추는 역할을 한다. 감춰야 할 것을 감추는 것은 욕망을 절제하는 일이지만 드러내야 할 것을 분명하게 드러내는 힘을 만든다. 어둠은 어둠으로 남는 것이 아니라 빛을 드러내는 배경을 담당한다. 어둠이 없으면 빛도 없다. 어둠은 빛을 위한 성찰이며 빛은 어둠을 위한 반성이다.

인간의 몸에는 어둠과 빛, 빛과 어둠이 공존한다. 그래서 드러낼 것과 감출 것을 잘 조절하는 능력이 필요하다. 이 같은 능력이 곧 자정 능력이다. 인간이든 사회든 자정 능력을 잃으면 멸망한다. 바다가 위대한 것은 자정 능력을 갖고 있기 때문이고, 바다가 정말 위대한 것은 자정과 동시에 수많은 생명체를 품고 있기 때문이다. 성찰하지 않는 자는 앞으로 나아갈 수 없으며 성찰하지 않는 사회는 발전할 수 없다.

그렇다면 움직일 수 없는 나무는 어떻게 매일매일 경계하면서 살아갈까. 사람과 달리 완전히 노출된 삶을 살아야 하는 나무는 어려움을 어떻게 극복할까.

우리는 식물학자들의 연구를 통해 나무들이 위기를 극복하는 과정을 어느 정도 알고 있다. 예컨대 아프리카의 돌무화과나무는 동물들이 덜 익은 열매를 따먹을 경우 아주 고약한 냄새를 풍기는 액을 품어내서 그들의 접근을 막는다. 밤나무는 밤송이에 아주 무시무시한 가시를 만들어서 씨방을 보호한다. 그러나 대부분의 나무들은 동물들에게 덜 익은 열매를 빼앗긴다. 더욱이 내가 사는 근처 구암산에 살고 있는 콩과의 아까시나무 중 한 그루는 멧돼지의 습격을 받아 죽음에 이르렀다.

이처럼 나무 한 그루 한 그루의 입장에서 보면 위기를 극복하는 데 한계가 있다. 그러나 나무는 언제나 동물들이 자신을 노린다는 사실을 잘 알고 있기 때문에 고도의 전략으로 생존을 모색한다.

사람들이 위기를 극복하기 위해 뭔가를 감추는 것과 달리, 나무는 사람과 정반대로 위기를 극복하기 위해 많은 것을 노출시킨다. 나무는 동물들이 마음껏 먹고도 남을 만큼 많은 열매를 만든다. 어떤 나무라도 하나의 열매만 원하는 경우는 없다. 간혹 사정이 여의치 않아 열매를 적게 맺는 경우는 있지만 가능하면 많은 열매를 맺어서 위기를 모면한다. 나무의 이 같은 전략은 아주 공격적인 방법이다. 나무는 공격이 최선의 방어라는 손자병법을 일찍부터 터득하면서 살아가고 있다.

나무로 하는 마음 공부
– 인자무적(仁者無敵)

마음 공부는 굳이 유교와 불교의 경전이 아니더라도 혼자서 얼마든지 가능하다.
자신의 마음은 자신만이 가장 잘 알 수 있다.

● 저작권 보호는 인간의 창조적 사고를 보호한다
는 점에서 매우 중요하고 필요한 법이다. 남이 평생 동안 목숨을 걸고
이룬 것을 단숨에 낚아채는 것은 가장 나쁜 짓이다. 그러나 우리나라
의 경우 저작권법은 아주 짧은 역사를 갖고 있다. 이는 그만큼 우리나
라는 저작권에 대한 인식이 부족했다는 뜻이다.

사진도 저작권과 관련해서 매우 중요하다. 얼마 전까지만 해도 인
터넷의 사진을 함부로 사용할 수 있었지만 지금은 특별한 경우를 제
외하면 다운받을 수 없으며 다운 자체를 불가능하게 만든 것도 있다.
나도 나무 사진을 촬영하기 때문에 사진에 큰 관심을 갖고 있지만 인
터넷의 사진에는 큰 관심을 갖지 않는다.

나는 지금까지 우리나라 전국 혹은 중국과 일본 등지에서 촬영한

사진을 CD로 보관하고 있다. 대부분의 사진은 책에 필요하거나 필요하다고 생각해서 촬영한 것이지만 나는 촬영한 사진을 인터넷에 올리거나 전화기를 이용해서 전송하지 않는다. 오로지 카메라로 찍은 사진을 CD로 보관해서 책에만 사용할 뿐이다. 나도 아주 짧은 기간에 인터넷에 방을 만들어 촬영한 사진을 올린 적이 있었지만 얼마 후 바로 그 일을 접었다. 귀찮을 뿐 아니라 시간이 아주 많이 들어서 다른 일에 큰 지장을 받았기 때문이다. 그 후로 그런 일에 전혀 관심을 갖지 않는다.

나는 강연에서도 나무 사진을 사용하지 않는다. 그런데 담당자는 거의 예외 없이 이른바 파워포인트(PPT)를 사용하는지를 묻지만 나는 파워포인트를 사용하지 않는다. 대부분 나무를 이야기하면 파워포인트를 이용해서 나무를 보여줄 것이라 예상하지만, 나는 그런 분들의 예상을 벗어난다. 내가 사람들에게 보여주고 싶은 나무 사진은 아주 많다. 그러나 내가 강연에서 나무 사진을 보여주지 않는 것은 나무에 대한 예의 때문이다.

인터넷에는 아주 아름다운 나무 사진을 쉽게 볼 수 있다. 특히 사진 전문가의 사진을 보고 있으면 황홀하다. 나무만 전문으로 촬영한 사진은 가격도 아주 비싸다. 나는 전문가가 아니어서 그들처럼 멋진 사진을 갖고 있지 않다. 그러나 나는 누군가 나무 사진이 필요하면 아무 조건 없이 흔쾌히 제공한다. 왜냐하면 나무에 대한 예의 때문이다.

내가 나무 사진을 누군가에게 공짜로 주는 것은 나무에게 공짜로 받았기 때문이다. 나는 지금까지 나무 사진을 촬영하면서 나무에게 한 번도 비용을 지불하지 않았다. 전국의 나무나 풀 사진작가들도 식물에게 돈을 지불한 사람은 없을 것이다. 내가 나무에게 돈을 지불하지도 않고 멋진 모습을 찍었는데 어찌 다른 사람에게 돈을 받을 수 있겠는가? 이것이 나무에 대한 나의 예의다.

강연에서 나무 사진을 보여주지 않는 것도 직접 보는 것이 나무에 대한 예의이기 때문이다. 인간보다 먼저 이 땅에 살았던 위대한 존재를 그냥 앉아서 만나는 것은 예의가 아니다. 천 리를 마다하지 않고 찾아가서 인사하고 만나는 것이 예의인 것이다.

나는 누구든 나무 사진이 필요하면 제공하지만 혹 내가 다른 사람들에게 받은 사진은 책에 반드시 저작권 표시를 한다. 왜냐하면 그분의 노고를 인정해야 하고, 그분이 나무와 만난 인연도 존중해야 하기 때문이다.

내가 나무 사진에 대해 저작권을 행사하지 않는 것은 나무는 그 누구도 독점해서는 안 된다는 철학 때문이다. 만약 지금까지 나무를 생명체로 바라보는 내가 나무 사진에 대해 독점권을 행사한다면 나의 나무에 대한 철학을 스스로 부정하는 것과 같다. 더욱이 내가 나무 사진에 대해 저작권을 행사하지 않는 것은 자유롭게 살고 싶기 때문이다.

애초부터 나의 소유가 아닌 것을 소유하면 그 자체가 스스로를 구속하는 일이다. 살아가면서 스스로를 구속하는 것만큼 어리석은 짓도 드물 것이다. 스스로를 구속하지 않으면 당당하게 살아갈 수 있다. 아주 힘든 과정을 겪으면서 촬영한 사진을 누군가에게 제공할 수 있는 것은 그 어떤 것보다 큰 축복이다.

나무 사진을 누구에게나 제공하는 것은 다른 사람과 결코 경쟁하지 않겠다는 나의 강한 의지다. 모든 생명체는 그 누구와도 경쟁하지 않을 때 가장 행복하게 살아갈 수 있다. 나는 나무를 공부하고 난 뒤에야 공자가 말한 인자무적(仁者無敵)의 진정한 뜻을 이해할 수 있었다.

인자무적은 '인한 사람은 대적할 자가 없다'는 뜻이다. 세상에 태어나 대적할 자가 없다는 것만큼 위대한 말은 없다. 한 생명체가 태어나서 죽을 때까지 많은 존재와 대적하면서 사는 것이 통례다. 그런데 공자는 어떻게 인자무적이라는 말을 남겼을까. 도대체 인이 얼마나 위대하기에 대적할 자가 없단 말인가. 더욱이 정말 가능한 일인가? 나는 공자가 가능하지 않는 말을 했을 리 없다는 전제 아래 그 뜻을 곰곰이 생각했다.

《논어》에는 공자가 언급한 인이 108번 등장한다. 공자는 아주 다양하게 인을 설명했지만 내가 가장 좋아하는 구절은 '선공후사(先公後私)', 즉 '공적인 것을 먼저하고 사적인 것을 나중한다'이다. 선공후사는 자신이 살기 위해서는 먼저 남을 일으켜 세우라는 뜻이 담겨 있다. 이는 자신의 삶과 타인의 삶을 구분하지 말라는 뜻이다.

자신의 일과 다른 사람의 일을 구분하지 않는다는 것은 모든 것을

'자신의 일로만' 생각하라는 뜻이다. 인자무적도 모든 것을 자신의 일로만 생각하면 충분히 가능하다. 공자의 말은 원리를 터득하면 결코 실천할 수 없는 말이 아니다. 옛 성인의 말은 결코 어렵지 않으며 조금만 생각하면 쉽게 이해할 수 있다.

성인의 말을 쉽게 이해하는 방법 중 하나는 자신의 마음을 잘 들여다보는 것이다. 스스로 생각하는 단계를 넘으면 누구나 자신의 마음을 읽을 수 있다. 그러나 우리 사회에서는 마음을 읽는 방법을 가르치지 않는다. 고작해야 종교나 수련원 같은 곳에서나 마음 공부를 할 뿐이다. 그러나 우리나라는 일찍부터 마음을 공부하는 전통이 있었다.

중국 송나라 진덕수가 편찬한 《심경(心經)》은 마음 공부의 교재였다. 우리나라에 《심경》이 전해진 것은 16세기 중엽이었다. 퇴계 이황은 《심경》이 들어오자 당시 가장 큰 관심을 가졌다. 그는 《심경》을 《근사록(近思錄)》만큼 비중 있게 취급했다. 그래서 그는 다음과 같이 평가했다.

나는 《심경》을 얻은 뒤로 비로소 심학의 근원과 심법(心法)의 정밀함과 미묘함을 알았다. 그러므로 나는 평생에 이 책을 믿기를 신명(神明)과 같이 알았고, 이 책을 공경하기를 엄한 아버지같이 한다.

다산 정약용도 《심경밀험(心經密驗)》을 지어 《소학》이 밖을 다스리는 데 비해 《심경》은 속을 다스리는 것으로 평가한 후 자신의 경전 연구를《심경》으로 귀결시키겠다고 했다. 이황과 정약용에서 보듯이 뛰어난 학자의 삶에는 언제나 치열한 마음공부가 있었다.

불교에서는 더더욱 마음 공부를 중시한다.《마하반야바라밀다심경(摩訶般若波羅蜜多心經)》, 즉《반야심경》은 우리나라 불교 의식에서 반드시 독송하는 경전이다. 270자에 불과한《반야심경》은 세상의 원리, 인간 삶의 원리를 이해하는 데 핵심 사상인 공(空)과 색(色)을 풀이한 경전이다.

마음 공부는 굳이 유교와 불교의 경전이 아니더라도 혼자서 얼마든지 가능하다. 자신의 마음은 자신만이 가장 잘 알 수 있다. 경전 속에서 마음을 찾아도 결국 자신의 마음을 모르면 아무 의미가 없다. 설령 경전 속에 마음 공부와 관련한 길이 있더라도 그 길이 반드시 자신의 마음을 찾는 길과 일치한다는 보장도 없다. 우선 자신의 마음을 조용히 들여다보는 자세를 갖추는 것이 마음 공부의 지름길이다.

삶의 균형을 이루고 사는 나무

나무의 장수 비결은 종과 횡의 균형 때문이다.
건강한 나무일수록 줄기와 가지 간에 균형을 이룬다.

———

● 종횡무진은 거침없이 나아가는 모습이다. 거침
없이 나아가는 것은 생각과 행동이 자유자재해야 한다. 하지만 살다
보면 많은 곳에 걸리게 된다. 대부분의 사람들은 종적인 질서에 익숙
하며 대부분의 조직도 종적인 구조를 이룬다. 그래서 위서(緯書)보다
경서(經書)를 선호한다. 불경(佛經)이니 성경(聖經)이니 경전(經典)이
니 하는 단어가 모두 종적인 질서를 유지하는 자료다. 그러나 종적인
질서가 오랫동안 유지되면 횡적인 질서를 요구하는 움직임이 일어난
다. 오래된 종적인 질서는 썩기 마련이기 때문이다.

중국 전국시대의 진나라는 종적인 질서를 횡적인 질서로 바꾸면서
전국을 통일했다. 전국시대 소진(蘇秦)은 당시 동쪽에 있던 연(燕) ·
초(楚) · 한(韓) · 위(魏) · 조(趙) · 제(齊)의 6국이 종으로 동맹해서 진

(秦)에 대항하는 주장을 펼쳤다. 반면, 장의(張儀)는 진나라가 6국과 각각 단독으로 동맹하는 연횡설을 주장했다. 장의의 연횡설은 기원전 328년 위(魏)가 진에 항복하고 동맹을 맺으면서 시작되었고, 기원전 311년 장의에 의해 연(燕)이 진에 동맹을 맺으면서 완성되었다.

가장 서쪽에 위치한 진나라는 중원의 강대국에 맞서 새로운 방식으로 난관을 극복했다. 아무리 역사와 전통이 깊은 중원의 강대국일지라도 새로운 길을 모색하지 않으면 신흥국에게 멸망할 수밖에 없다. 가장 늦은 시기에 부상한 진나라는 중원의 전통 나라들의 지배자들이 기득권 지키는 데 급급한 시간에 과감하게 개혁을 단행했다. 당시 전국시대 각국이 안고 있는 과제는 부국강병이었고, 각국들은 개혁의 필요성에는 공감하고 있었지만 기득권 세력인 귀족들의 강고한 저항에 부딪히고 말았다. 그러나 오로지 진나라만은 상앙을 비롯한 개혁가들이 등장해서 과감하게 개혁을 단행했다. 그 결과 진나라는 가장 먼저 귀족의 기반인 씨족공동체를 해체하고 중앙집권화에 성공했다.

진나라의 전국시대 통일 배경에는 오랜 기간에 걸친 개혁과 더불어 훌륭한 인재의 영입 때문이었다. 진나라를 제외한 각국은 대부분 귀족들이 권력의 핵심을 장악했지만, 진나라는 외국에서 뛰어난 인재를 영입했다. 이사를 비롯한 외국 출신의 인재들은 목숨을 걸고 개혁을 단행했다. 더욱이 최고 권력자인 진시황제의 적극적인 후원과 지도력은 진나라를 부강하게 만들었다.

진시황제의 종횡무진 정책은 현실에 대한 정확한 판단에 따른 것이었다. 그는 당시 현실 문제를 가장 잘 해결할 수 있는 사상으로 법가를 선택했다. 그는 법가 사상을 집대성한 한비자의 글을 무척 좋아했으며 전국시대의 핵심 사상을 국정에 적용하는 데 주저하지 않았다. 그 결과 전국의 인재들이 진나라로 몰려들었다.

진나라의 통일은 치밀한 준비를 통해 이룬 성과였다. 진시황제는 전국시대에 노출된 문제를 해결할 수 있는 적임자였다. 진시황제의 정책은 곧 통합이었다. 당시 백성들은 오백 년 동안 계속된 분열의 시대를 마감할 강력한 군주를 원했다. 진시황제는 백성들의 요구에 부응한 유일한 사람이었다. 백성들은 진시황제에게 무력 통일까지 허용했다. 당시 평화적인 통일은 기대할 수 없는 상황이었기 때문이다. 여론을 등에 업은 진나라는 무자비하게 전국을 통일했다. 그러나 그 후유증도 만만하지 않았는데 특히 유가의 저항은 거칠었다. 이 과정에서 유가의 피해는 엄청났다. 유학자들이 산 채로 묻히는 갱유(坑儒) 사건이 일어났던 것이다.

만약 진나라가 기존의 방식대로 정책을 펼쳤다면 전국시대는 계속되었을 것이다. 전국시대가 계속되었다면 동아시아의 질서도 전혀 다르게 전개되었을 것이다. 진나라는 빠른 속도로 분열의 전국시대를 통일제국으로 만들기 위해 무리하게 정책을 실시했고 그 탓에 진나라는 짧은 기간에 멸망했다. 그러나 진나라의 유산을 받은 한나라는 오랫동안 왕조를 유지했을 뿐 아니라 동아시아를 식민지로 만들 수 있었다. 아울러 진한의 정치와 문화유산은 중국이 강대국으로 성장하는 밑거름이었다.

진나라는 종적인 질서를 구축했던 주나라를 최종적으로 정리했다. 춘추전국시대는 종적인 주나라에 대한 반격이었지만 종과 횡을 함께 구사한 진나라에게 무너졌다. 진나라는 건국 후 주나라의 봉건제와 다른 군현제로 나라를 다스렸지만 군현제만 고집하다가 결국 균형을 잃고 망했다.

나무의 장수 비결은 종과 횡의 균형 때문이다. 나무의 종은 줄기고, 나무의 횡은 가지다. 건강한 나무일수록 줄기와 가지 간에 균형을 이룬다. 사정에 따라 줄기와 가지 간의 균형을 잃으면 나무의 삶도 장수를 보장할 수 없다. 그래서 나무는 언제나 균형을 유지하기 위해 노력한다.

우리나라의 가로수 정책을 보면 나무의 균형 잡힌 삶에 대해서는 전혀 관심이 없다. 전국의 가로수 중 마음껏 가지를 펼치면서 살아가는 나무는 거의 찾아볼 수 없다. 대부분 해마다 가지를 잘려 몰골이 말이 아니다. 가로수를 심을 때 나무의 생태를 정확하게 파악해야 하지만 우리나라 공무원들은 나무의 입장을 거의 고려하지 않는다.

내가 살고 있는 곳에는 양버즘나무가 아주 많다. 그러나 해마다 가지를 잘라버려 거의 줄기만 남아 있다. 가지를 잘린 나무들은 균형을 잡기 위해서 엄청난 에너지를 사용해야만 한다. 그러다 보면 그 나무들은 결국 자신의 수명대로 살아갈 수 없다. 나는 한 나라의 가로수 정책이 선진국의 중요한 기준이라 생각한다.

어둠을 통해 빛을 만들다

어둠이 깊을수록 별은 빛난다.
어둠은 나무와 인간의 경계를 허물고,
사람과 사람 사이를 좋게 해서 인간답게 만든다.

———

● 최근 "어둠은 빛을 이길 수 없다"라는 말이 유행했다. 아주 근사한 말 같지만 황당한 표현이다. 어둠과 빛이 어떻게 상대어란 말인가. 그러면 저녁은 아침을 이길 수 없는가? 겨울은 봄을 이길 수 없는가?

나의 지적은 마치 손가락이 달을 향하고 있는데 자꾸 손가락을 문제 삼는 것과 같을지도 모른다. 그러나 굳이 어둠과 빛을 비교하면서 그런 말을 할 필요가 있을까. 문제는 모순을 모순으로 인식하지 못하는 데 있다. 비유의 대상이 아닌데 비유하는 것만큼 어리석은 것도 없다. 어둠과 빛, 빛과 어둠은 상대어로 사용할 수 없다. 그래서 빛은 빛대로, 어둠은 어둠대로 비유해야만 한다.

나는 어둠을 무척 좋아한다. 나는 밤에도 캄캄해야 잠을 제대로 이룬다. 밤에는 빛이 없어야만 어둠을 즐길 수 있다. 낮에는 밝아야 밝음을 즐길 수 있다. 낮과 밤, 밤과 낮은 어느 한쪽에서 본 결과에 지나지 않는다. 내가 살고 있는 곳이 밤이면 반대편은 낮이다. 내가 살고 있는 곳이 낮이면 반대편은 밤이다.

밤과 낮의 교차는 모든 생명체의 생존에 절대적인 요소다. 어둠이 깊을수록 별은 빛난다. 그런데 요즘은 밤에도 별을 구경하기 어렵다. 갑자기 별이 사라진 것이 아니라 밤을 밝히는 불빛이 찬란하기 때문이다. 내가 어릴 적에는 밤에 별빛이 쏟아졌지만 지금은 농촌에서도 쏟아지는 별을 거의 볼 수 없다. 농촌에서도 가로등이 흔하기 때문이다.

빛은 어둠을 통과하지 않고서는 드러나지 않는다. 성리학자들은 빛을 위해 어둠을 택한 사람들이었다. 드러내기보다는 감추는 것이 더욱 빛난다고 생각했기 때문이다.

성리학자들이 아주 좋아한 글자 중 하나는 '회(晦)'다. '회'는 그믐 혹은 어둠을 뜻하는 글자다. 중국 남송 때 성리학을 집대성한 주희의 호 중 흔히 사용하는 것이 '회암(晦庵)' 혹은 '회옹(晦翁)'이다. 주희, 즉 주자가 사용한 회암의 '회'는 우리나라 성리학자들의 로망이었다. 주자의 호를 모방한 우리나라의 성리학자 중에 '회재(晦齋)' 이언적(李彦迪)을 들 수 있다. 고려 말에 원나라의《주자전서(朱子全書)》에서 가져온 안향의 호도 '회헌(晦軒)'이다. 이들이 '회'를 사용한 것은 어둠에 머물고 싶어서가 아니라 어둠을 통해 빛을 만들기 위한 삶의 태도 때문이었다.

　나는 중학교 2학년까지 한지를 바른 문이 있는 초가삼간에서 살았다. 한지를 사용한 문은 비바람에 젖기 때문에 적어도 2년에 한 번 정도는 종이를 바꿔야 한다. 그렇지 않으면 겨울철에 찬바람을 막을 수 없다. 문종이를 바꿀 때는 햇살이 좋은 날을 잡아서 문을 떼서 물을 뿌린 후 종이를 온전히 벗겨낸다. 그런 후에 밀가루로 만든 풀을 사용해서 새로운 종이를 문에 붙인 후 햇살에 마른 후 다시 문을 원래 자리에 단다.

　문종이를 바꾼 문에 햇살이 내려앉으면 하얀 한지가 빛나는데 바라보고 있으면 정말 아름답다. 문종이를 바꾼 문의 아름다움은 밤에 드러날 때가 있다. 바로 달빛이 문을 비출 때다. 방 안에서 달빛이 비추는 문을 바라보면 그리움에 사무치는 사람을 보는 듯이 가슴이 먹먹하다. 어둠 속에서 빛나는 달빛이기 때문이다.

　달빛은 월광(月光)이다. 나는 대학 1학년 때 베토벤과 드뷔시의 '월광'을 처음 들었다. 그중 베토벤의 피아노 소나타 14번 작품번호 27을 듣고 있으면 고향에서 한지를 바른 문을 통해 들어오던 달빛을 떠올리지 않을 수 없다. 어떤 평론가는 월광 소나타 1악장을 "달빛이 비친 루체른 호숫가에 떠 있는 조각배"라고 극찬했다. 더욱이 이 곡은 베토벤이 흠모했던 여자에게 헌정한 곡이이면서 그가 난청으로 고생하던 시절에 만든 작품이었다. 그는 달빛처럼 사랑하는 사람에게 다가가고 싶어서 이곳을 만들었는지도 모른다.

이처럼 밤에 뜨는 달은 상상을 자극한다. 달과 더불어 놀이를 즐긴 사람 중에 중국 당나라 시인 이백(李白)을 들지 않을 수 없다. 그중에서 '달 아래 혼자서 술을 마시다[月下獨酌]' 중 아래에 인용한 시는 아무리 술을 마시지 못하는 사람이라도 술을 마시게 만드는 작품이다.

꽃 가운데 놓인 술 한 동이
술 따르는 친한 사람 없어서 혼자 마시네.
잔 들어 밝은 달을 맞이하고
그림자 대하니 세 사람이구나.
(하략)

이백은 술을 잘 마시지 못한 사람으로 알려졌지만 그 누구보다도 술을 주제로 시를 많이 남겼다. 그래서 흔히 그를 '주태백'이라 부른다. 술을 잘 마시는 것과 술을 좋아하는 것은 다르다. 달과 더불어 술을 마시는 이야기는 흔하다. 달을 친구로 삼았기 때문이다. 이백의 시에서 압권은 술과 더불어 자신의 그림자를 친구로 삼은 부분이다. 그런데 어두운 밤에 달이 아니면 그림자를 만들 수 없으니, 달이야말로 고마운 친구다.

작년 연말에 아주 오랜만에 진라남도 진도에 해맞이 여행을 했다. 나는 워낙 게을러서 해마다 해를 맞는 행사나 산에 오르지 않는다. 매일 보는 해를 굳이 산이나 복잡한 곳에서 맞을 필요가 없다고 생각했기 때문이다. 그런데 작년에는 무슨 마음에서인지 바닷가에서 해를 맞고 싶은 생각에 멀고 먼 진도까지 갔다. 겨우 새벽에 일어나서 근처 산에 올랐다. 그곳에 적잖은 사람들이 벌써 해를 기다리고 있었다. 어둠을 뚫고 올라오는 일출을 바라보면 정말 황홀하다. 그러나 해가 어둠을 뚫고 올라와버리면 느낌이 완전히 다르다. 해의 장중한 모습이 사라지기 때문이다.

전라남도 여수의 향일암은 '해를 맞는 암자'를 뜻한다. 그래서 새해 이곳은 해맞이하는 사람들로 북적댄다. 나도 어느 해 이곳 근처에서 하룻밤을 자면서 새벽에 일어나 사찰에 올랐다. 예상대로 많은 사람들이 해 맞을 준비를 하고 있었다. 모두 카메라를 준비한 채 해가 뜨길 기다렸다. 나도 그 속에 끼여서 카메라를 손에 잡고 해를 기다렸다. 드디어 해가 바다를 비추자 환호성이 저절로 나왔다. 이때 사용하는 단어가 '장관(壯觀)'이다.

옛 선비들은 비 온 뒤 개이면서 나무 아래 달이 뜨는 장면을 사랑했다. 비 온 뒤 개이면서 달이 뜨는 장면을 나타내는 단어가 '제월(霽月)'이다. 선비들이 제월을 사랑한 것은 맑은 바람을 뜻하는 광풍(光風)과 더불어 훌륭한 인품을 뜻하기 때문이다. 이 말은 중국 북송의 황정견이 같은 시대의 주돈이를 칭송한 말이다.

전라남도 소쇄원의 제월당(霽月堂)을 비롯해서 전국 곳곳의 성리학 공간에서 '제월'의 현판을 볼 수 있다. 또 달밤에 소나무 아래에 거니는 선비의 모습이나 달밤에 친구를 찾아가는 모습은 어떤가? 16세기 이상좌(李上佐)의 그림으로 알려진 〈송하보월도(松下步月圖)〉와 〈월하방우도(月下訪友圖)〉를 보고 있으면 밤에 만난 나무들이 떠오른다. 달빛이 내려앉은 큰 나무 아래 혼자서 걷는 것만큼이나 친구를 찾아가는 모습은 달과 친구에 대한 그리움이 사무치기 때문일 것이다.

나는 종종 달빛을 머금은 나무 아래서 시간을 보내기도 하고, 캄캄한 밤에 나무 아래 들어가기도 한다. 밤은 나무의 모습을 한층 선명하게 바라볼 수 있는 기회다. 낮에는 빛과 주변의 사물 때문에 나무의 모습이 잘 드러나지 않지만, 밤에는 어둠 때문에 주변의 사물들이 잘 보이지 않는 대신 나무만 온전히 드러난다.

나는 어느 저녁 영남루 입구에서 보았던 느릅나무의 우아한 자태를 잊을 수 없다. 그곳의 느릅나무는 넓은 공간 덕분에 가지를 마음껏 뻗어 아주 우아하다. 그 느릅나무 가지 끝 위치에 사람이 자리하는 순간, 그 사람은 세상에서 가장 향기롭고 어진 존재가 된다. 어둠은 나무와 인간의 경계를 허물고, 사람과 사람의 사이를 좋게 해서 인간답게 만든다.

참고
문헌

- 《論語》, 學民文化社, 2009.

- 《孟子》, 學民文化社, 1990.

- 《南華經》, 學民文化社, 1993.

- 퇴현 전재성 역주,《숫타니파타-붓다의 말씀》, 한국빠알리성전협회, 2015.

- 권문해 지음,《대동운부군옥》, 소명, 2003.

- 강희안 지음, 서윤희 · 이경록 옮김,《양화소록》, 눌와, 1999.

- 다윈 지음, 리처드 리키 새로 고쳐 씀, 방영목 · 김영수 옮김,《종의 기원》, 한길사, 1994.

- 스티븐 제이 굴드 지음, 이명희 옮김,《풀하우스》, 사이언스북스, 2002.

- 로버트 라이트, 박영준 옮김,《도덕적 동물》, 사이언스북스, 2003(2).

- 리처드 도킨스 지음, 홍영남 옮김,《이기적 유전자》, 을유문화사, 1993.

- 존 H. 릴리스포드 지음, 이경식 옮김,《유전자 인류학》, Human&Books, 2003.

- 에른스트 마이어 지음, 최재천 외 옮김,《이것이 생물학이다》, 몸과 마음, 2002.

- 에드워드 윌슨 지음, 이한음 옮김,《인간본성에 대하여》, 사이언스북스, 2003(8).

- 임소영 지음,《한국어 식물이름의 연구》, 한국문화사, 1997.

- 마순자 지음,《자연, 풍경 그리고 인간》, 아카넷, 2003.

- 김덕신 지음,《식물명에 나타난 접두사 재》,《한밭한글》5, 2000.

- 노재민 지음,《현대국어 식물명의 어휘론적 연구》,《국어연구》158, 1999.

- 여찬영 지음,《식물명칭어연구》,《한국전통문화연구》, 효성여자대학교 한국전통문화연구소 7, 1991.

- 이호철 지음,《우리 능금의 역사, 그 기원과 발전》, 문학과지성사, 2002.

- 김태욱 지음,《한국의 수목》, 교학사, 2002(9).

- 박한제 지음,《박한제 교수의 中國 역사 기행-제국으로 가는 긴 여정》, 사계절, 2003.

- 中井猛之進,《朝鮮植物》, 東京, 成美堂書店, 大正3년

- 中井猛之進,《朝鮮森林植物編》, 東京, 國書刊行會, 昭和51년

- 段成式,《酉陽雜俎》, 北京, 中華書局, 1992.

- 諸橋轍次,《大漢和辭典》, 東京, 大修館書店, 1984.

- 《中國歷代儀禮典》, 揚州, 廣陵書社, 2003.

- 吳其濬,《植物名實圖考長編》, 臺北, 世界書局, 1975.

- 吳其濬,《植物名實圖考》, 臺北, 世界書局, 1974.

- 樓慶西,《中國園林》, 北京, 伍洲傳播出版社, 2004(2).

- 張清常,《胡同及其》, 北京語言學院出版社, 1990.

- 中國第一歷史檔案館 編,《圓明園(上)》, 上海古籍出版社, 1983.

- 計誠 지음, 김성우 · 안대회 옮김,《園冶》, 예경, 1993.

- 손세관 지음,《넓게 본 중국의 주택》, 열화당, 2001.

- 손세관 지음,《깊게 본 중국의 주택》, 열화당, 2001.

- 김동욱 지음, 《18세기 건축사상과 실천 : 수원성》, 발언, 1996.

- 김봉렬 지음, 《시대를 담는 그릇》, 이상건축, 2000(2).

- 김봉렬 지음, 《앎과 삶의 공간》, 이상건축, 1999.

- 김봉렬 지음, 《이 땅에 새겨진 정신》, 이상건축, 2000(2).

- 이문규 지음, 《현신규의 임목육종 연구와 제도화》, 《한국과학사학회지》 26-2, 2004.

「이 도서의 국립중앙도서관 출판예정도서목록(CIP)은
서지정보유통지원시스템 홈페이지(http://seoji.nl.go.kr)와
국가자료공동목록시스템(http://www.nl.go.kr/kolisnet)에서 이용하실 수 있습니다.
(CIP제어번호: CIP2017022361)」

나무 예찬 - 나무에서 배우는 삶의 자세
ⓒ 강판권

1쇄 발행 2017년 10월 23일

지은이 강판권

발행인 윤을식
편집 김명희 박민진

펴낸곳 도서출판 지식프레임
출판등록 2008년 1월 4일 제2016-000017호
주소 서울시 서초구 효령로26길 9-12, B1
전화 (02)521-3172 | **팩스** (02)6007-1835

이메일 editor@jisikframe.com
홈페이지 http://www.jisikframe.com

ISBN 978-89-94655-58-1 (03190)